NFT 미술과 문화 민주주의:
기회의 확장과 새로운 관계 모색
이민하

중앙대학교 다빈치교양대학 교수

NFT 미술의 시장 가치
김성혜

art 602 대표

예술, 기술, 존재:
NFT 미술에 대한 미학적 사유
정현

미술비평가, 인하대학교 조형예술학과 교수

NFT,
처음 만나는
세계

서울대학교미술관×시공아트
현대미술 ing 시리즈 01

NFT,
처음 만나는
세계

메타버스, 블록체인,
암호화폐로 펼쳐지는
새로운 예술의 장

심상용
디사이퍼
캐슬린 김
이민하
김성혜
정현

지음

SIGONGART

서울대학교미술관×시공아트 현대 미술 ing 시리즈는

지금 대한민국 현대 미술계의 가장 뜨겁고도 새로운 주제에 대한 각 분야 전문가들의
솔직하고 가감 없는 생각을 전하는 장입니다.

들어가는 말 NFT 미술, 달리는 열차에 올라탈 것인가? 6

1장 NFT와 현대 미술 12

2장 역사와 현장: NFT 미술의 출발부터 현재까지 68

3장 NFT 미술과 문화 민주주의: 기회의 확장과 새로운 관계 모색 122

4장 NFT 미술의 시장 가치 144

5장 예술, 기술, 존재: NFT 미술에 대한 미학적 사유 176

6장 NFT, 기게스의 반지 210

나오는 말 신 기술이 뿌리 깊은 예술과 동거할 때 제기되는 것들 242

주 248

참고자료 258

NFT 미술, 달리는 열차에
올라탈 것인가?

2021년 3월 11일에 크리스티 뉴욕 지사에서 있었던 한 경매 건으로 NFT 미술은 일거에 미술계의 뜨거운 이슈로 떠올랐다. '비플'이라는 예명으로 활동하던 크립토 작가 마이크 윈켈만의 JPG 파일 하나가 유서 깊은 미술품 경매사의 경매에서 6,930만 달러에 낙찰된 사건이다. 현재 생존 작가들의 작품 경매가 가운데 세 번째로 높은 낙찰가다. 예술 작품에 '가격＝가치'의 등식이 가능하다면, 비플은 숨겨져 있던 이 시대의 세 번째로 위대한 예술가인 셈이다.

이 사건으로 1년 남짓한 짧은 시간 동안에 NFT 미술은 미술계의 이슈들을 모두 빨아들이는 블랙홀 같은 존재로 부상했다. NFT는 어떤 스타일이나 장르와 무관한, 디지털 소스를 암호화하는 블록체인 기술이다. 다시 말해 이로 인해 디지털 이미지의 '소유권' 등록과 '거래 가능성'이 가능하게 된다는 기술의 약호일 뿐이다. 따라서 NFT 미술은 온라인상에서의 거래 형태에 관한 기술일 뿐, 그 밖의 다른 무엇이 아니다. NFT 미술의 방점은 오롯이 디지털 이미지의 '소유권' 등록과 '거래 가능성'에 있다.

매일 기술 혁신을 거듭하는 오늘날에 NFT는 자체로 놀랍지 않다. NFT 미술이라는, 불완전한 개념이 이토록 커다란 스캔들이 되는 이유를 NFT 자체로 설명하기란 어렵다. 비플의 경매 건과 마찬가지로 뇌관은 맹렬한 자본의 쇄도와 시장 논리에 있다. 그런 의미에서 NFT 미술이 예술의 풍경을 '완전히' 다른 것으로 만들었다는 주장은 상당히 일리 있는 리포트다. 사건은 사람들이 의구심을 품을 겨를도 없이 빠르게 진행되었다. 일련의 작가들은 이미 자신들의 원작들을 불태움으로써 NFT 미술이라는 과도하게 빨리 달리는 열차로 환승하기 위한 티켓 구매에 나섰다. 더 많은 작가들이 이 대열에의 동참을 서두르는 중이다. 다른 인식 역시 엄연히 존재한다. 데이비드 호크니는 비플의 경매가와 이를 둘러싼 온갖 부화뇌동의 양상을 '돈 버는 방법'이라고 일축했다. 노 작가는 조급하게 부풀어 올랐다 일시에 꺼지는 미학적 거품이라고까지 폄하했다. NFT 기술과 현대 미술의 결합을 두고 어떤 이들은 괴물의 탄생을 우려하고, 다른 이들은 그 배에서 머지않아 천사가 탄생할 거라 기대한다.

비플과 호크니의 논쟁이 기나긴 인류의 역사에서 늘 있어 왔던 신구新舊의 그것인지 아닌지는 아직 불확실하다. 이 논쟁은 예일대 교수 마이클 크레이그 마틴의 교수법을 둘러싸고 벌어졌던 일과 닮아 있다. 골드스미스 예술대학 재직 시절에 마틴 교수는 훗날 yBa young British artists의 일원이 될 학생들에게, 재능을 살리기 위해 포트폴리오를 들고 직접 갤러리들을 찾아다닐 것과 인맥을 동원하는 자신의 기술을 전수했던 것으로 유명하다. 그의 수제자가 데미언 허스트다. 비플과 호크니의 논쟁은 (그것이 옳은지는 차치하고) 완전히 새로운 접근이 허용하는 성과를 인정하면서도, 다른 한편으로는 (거기 내재하는) 광휘와 경이로움으로 가득 찬 세상을 발견하는 힘으로써의 예술의 일부를 불가피하게 유실시키는 측면에 대한 논쟁과 닮았다.

오늘날 예술에서는 믿음을 갖는 것 이상으로 의구심을 발동시키느냐가 중요한 문제다. NFT 미술은 정말 새로운 기회이고 가능성일까? 그것의 행보는 문명의 긍정적인 진화를 허용하는 쪽일까? 오히려 욕망으로 취급되어야 더욱 맞아떨어지는 주제는 아닐까? 이 작은 책에서 너무 멀리 나아갈 필요는 없겠지만 하나는 분명하게 짚고 넘어가야겠다. 두뇌의 강력한 알고리즘의 한 형태인 '편 가르기'다. 인간인 우리 모두는(내용과 무관하게) 자신의 편으로 정의된 한쪽의 입장을 지지하고, 이것을 자신의 것으로 착각하는 강력한 경향을 지닌다는 사실이다. 하나의 관점을 선택하는 절차 자체가 그것을 통해 추출된 관점이나 입장보다 더욱 질문들이 시작되어야 할 진정한 지점이 되어야 한다.

『NFT, 처음 만나는 세계』는 현재 NFT 미술과 관련되어 제기된 의문과 의혹들에 대해 필요한 만큼 충분히 답을 다는 용도로 쓰이지는 않았다. 용어부터가 낯선 NFT의 기술적 이해, 이것이 미술(예술)에 접목되면서 비롯된 현상들의 짧은 역사, 가능성과 한계에 대한 성찰이 이 책의 주된 구성 요소다. 우리 저자들은 짧은 기간 열풍을 일으키고 있는 NFT 미술 현상이 포스트 인터넷 시대를 장밋빛으로 만들지, 잠시 스쳐 지나가는 찻잔 속 태풍인지에 대해서는 열어 두기로 했다. 반성적 기조를 취하는 동안에도 그것이 전개할 시간들에 대한 기대를 내려놓지 않는 자세를 유지하기로! 다만 NFT 미술을 둘러싼 문제들을 나열하고, 사람들이 여기에 왜 가치를 부여하는지, 왜 그토록 열광하는지, NFT 미술의 붐이 의미하는 바는 무엇인지에 대해 질문하고, 이해하고, 알아 가는 과정의 동반자라 하면 맞겠다. 모쪼록 『NFT, 처음 만나는 세계』가 독자들에게 더 깊은 탐구로 나아가기 전에 잠시 호흡을 고르는 유익한 시간이 되었으면 좋겠다.

『NFT, 처음 만나는 세계』는 '시공아트'와 '서울대학교미술관'의 협력의 산물이다. 현대 미술관이 시의적 논쟁에 온몸으로 뛰어들어야 한다는 서울대학교미술관의 의식에 시공아트가 동의하면서 작은 모험이 시작되었다. 이 책이 첫 번째 결실이다. 소박하지만 의미 있는 출발이라고 믿고 싶다. 우리의 여정이 뚜렷한 행보를 지속해 나갈 수 있기를 기대한다. 의미 있는 집필로 함께해 준 저자 여러분에게 깊은 고마움을 느낀다. 시공아트에게도 조금도 다르지 않은 마음이다.

서울대학교미술관 관장 심상용

1장

NFT와
현대 미술

디사이퍼(김재윤, 오아영, 이병헌, 정현)

디사이퍼는 '건강한 블록체인 생태계 조성에 기여한다'라는 미션을 지니고
블록체인에 대해 연구하고 이를 실용적으로 응용하는 연구 단체다.

1. 변화하는 미술계와 NFT

　최근 많은 현대 예술가들이 자신의 작품을 NFT^{Non-Fungible} Token로 만들고 있다. 유명 아티스트인 데미언 허스트는 자신의 작품 1만 점의 원본을 NFT로 만들어 공개했고, 뱅크시의 작품 역시 NFT로 발행되어 유례없이 비싼 가격에 거래되고 있다. NFT가 생소한 사람들은 이것이 단순히 미술품을 디지털 파일로 만드는 것이라 생각할 수도 있다.

　실제 사람들이 사는 세상에서는 전시할 수도, 만져 볼 수도 없을 뿐더러 온라인상에서 쉽게 복제가 가능할 것 같은 이 파일이 'NFT'라는 이름으로 현대 미술가들의 관심을 받고, 소비자들 사이에서 비싸게 거래되는 이유는 무엇일까?

　기술의 발전은 인류의 생활 영역을 디지털 세상으로 이동시키고 있다. 여기에 코로나 바이러스의 확산은 이를 가속화하는 중이다. 디지털 테라포밍terraforming(지구와 비슷한 환경을 조성하여 인류의 생활이 가능하도록 만드는 행위)은 더 이상 까마득히 먼 미

　　　　　　　　　　　　　　　NFT, 처음 만나는 세계

래가 아닌 듯하다. 미술 시장에서도 이러한 현상이 벌어지고 있다. 고대부터 현재까지 미술의 창작과 소비의 공간은 변해 왔다. 동굴 벽에서부터 종이와 캔버스로 진화해 왔고, 오늘날에는 디지털 공간으로까지 확장 중이다. 한편, 파일의 위조와 변조나 복제가 쉬운 디지털 공간으로의 확장1은 창작과 그 가치에 초점을 맞춘 미술 시장의 온전한 환영을 받지 못했다.

NFT는 미술품의 창작과 소비, 두 가지 측면에서 디지털상의 콘텐츠가 갖는 한계점을 분명히 해결해 준다. 창작 측면에서 예술가는 NFT를 통해 자신의 작품을 증명할 수 있다. 소비 측면에서 예술가는 다른 플랫폼이나 제3자의 개입 없이 작품을 직접 거래하여 자신의 콘텐츠에 대한 보상을 오롯이 받을 수 있다. 그리고 소비자는 본인의 작품 소유권을 인증할 수 있다.

NFT는 그 잠재력을 증명하듯 현재 시장의 폭발적인 관심을 받는 중이다. 예술가들은 자신의 작품을 NFT로 만들어 거래하고, 이를 구매한 소비자는 소셜 미디어 공간에서 자신을 표현하는 제2의 아바타로 활용한다. 다양한 게임 아이템을 NFT로 만들어 게임 플랫폼에서 거래하는 등 각종 방법으로 활용하기도 한다. 이처럼 NFT는 전 세계의 주목을 받고 있지만, 이러한 관심이 앞으로도 지속될 것이라 예측하기란 어렵다. NFT의 시장 현황을 소개하고, 이에 대한 정확한 이해를 돕기 위해 근간 기술인 블록체인block chain을 먼저 설명한다.

2. 블록체인과 NFT

　블록체인과 NFT를 이해하기 위해서는 암호학을 시작으로 하여 컴퓨터 공학, 경제학 등의 지식도 필요하다. 익숙하지 않은 기반 지식으로 아직은 진입 장벽이 존재하는 게 사실이다. 『NFT, 처음 만나는 세계』에서 여기 관련된 심도 있는 내용을 모두 소개하기는 어렵다. 그러나 NFT와 그 시장을 이해하는 데 필요한 지식을 빼놓지 않고 전달하되, 최대한 쉽게 풀어 설명함으로써 일반인이 NFT에 대해 갖고 있는 오해와 진입 장벽을 허물고자 한다.

▎블록체인이란?

블록체인상에서 발행된 암호 화폐가 급격한 가격 변동으로 시장의 주목을 받으면서, 많은 사람들이 블록체인을 투자 상품, 투기, 코인, 변동성 같은 키워드와 연관하여 생각하는 듯하다.

이 밖에도 개인의 관심 분야에 따라 블록체인을 분산 컴퓨팅 플랫폼, 디지털 화폐, 분산 데이터베이스, 통신 프로토콜, 파생 금융 상품, 월드 컴퓨터, 새로운 인터넷 등으로 생각할 수도 있다.

개인마다 블록체인을 다르게 해석하는 이유는 무엇일까? '블록체인'이라는 단어의 탄생 배경에서 답을 찾을 수 있다. 블록체인의 개념은 2009년 익명의 개발자 사토시 나카모토中本哲史가 발표한 비트코인 백서에서 처음 소개되었다. 이 백서에는 블록체인이라는 단어가 등장하지도 않았으며, 그 개념 또한 정확하게 정의되지 않았다는 점이 흥미롭다. 다시 말해 블록체인이라는 단어는 기술의 발전과 그 활용 방안에 따라 새롭게 정의되고 있으며, 그 기술의 정의는 현재도 변화하는 중이다. 블록체인은 수많은 개념이 섞여 있기 때문에 단편적인 시각으로는 이해하기가 쉽지 않다. 개개인이 가진 배경 지식에 따라 블록체인을 이해하는 방식이 다를 수밖에 없다. 장님이 코끼리를 만지며 자신이 알고 있는 범위 안에서 코끼리의 생김새를 추측하는 것처럼. 따라서 개인이 가진 블록체인의 정의는 모두 맞을 수도 있고, 다양한 측면에서는 틀린 것이 될 수도 있다.

이 책에서는 가장 일반적으로 정의되는 블록체인을 이야기한다. 블록체인은 데이터를 읽거나 쓰기만 할 수 있는 쓰기 전용append-only 구조의 데이터베이스와 비슷하다. 데이터를 수정하거나 삭제하지 못하기 때문에 데이터의 위조와 변조를 방지할 수 있어 디지털 자산을 구현하고 거래하기에 적합한 플랫폼이라 볼 수 있다.

각 유저의 거래는 트랜잭션transaction(거래 내역)이라는 단위로 만들어지고 블록에 담긴다. 일정량의 트랜잭션이 담기면 그 블록은 영구적으로 저장되고, 이후 새로운 트랜잭션을 담은 블록이 새롭게 만들어진다. 이때 새로운 블록은 이전 블록의 모든 정보를 압축한 주소를 저장하여 갖게 된다. 새로운 블록이 형성될 때마다 이전 블록의 주소를 저장하는 것이 순차적으로 이루어지면서 블록이 하나의 선으로 연결된 체인 형식으로 만들어진다.

블록이 생성될 때마다 유저의 자산 정보도 함께 업데이트되며 이를 상태state라고 한다. 이 상태는 새로운 블록의 생성과 함께 업데이트되므로 기존 금융 시스템과 다르게 시간이 블록 단위로 나뉘어 자산 정보가 업데이트된다. 다시 말해, 100만 원을 가진 사용자 A가 50만 원을 사용했다면, 블록이 생성되는 시점에 잔액이 100만 원에서 50만 원으로 변화한다.

그럼 누가 블록을 생성하여 디지털 자산의 거래 정보들을 업데이트할까? 기존의 중앙화된 시스템에서는 해당 금융 서비스의 제공자가 시스템을 유지하고 거래 데이터와 잔액을 업데이트해야 한다. 하지만 완전히 분산된 블록체인 시스템에서는 만들어진 트랜잭션을 새로운 블록에 담아 만들고 이를 체인으로 연결하여 영구히 저장해야 한다. 그리고 이를 누군가가 자발적으로 수행하도록 유인하기 위해서는 충분한 경제적 인센티브가 구축되어야 한다.

블록을 생성하기 위해서는 특정한 컴퓨터 연산이 수행되어야 하며 여기에는 연산 비용이 발생한다. 간단하게는 연산을 돌리는 데 컴퓨터가 필요하고 전기세가 발생한다. 따라서 블록 생성 시스템을 유지하기 위해서는 해당 비용보다 더 큰 인센티브를 제공할 수 있도록 하는 경제적인 요소가 필요하며, 이를 위해 고안된 시스템이 암호 화폐다.

새로운 블록이 이전 블록의 정보를 저장하여 체인의 형식을 구축하는 방식과 경제적 인센티브 시스템은 블록체인의 '위변조 불가능'이라는 특성을 만드는 데 기여한다. 블록체인의 위변조는 이미 블록에 담겨진 트랜잭션의 정보를 바꾸는 것이다. 이를 위해서는 결과적으로 블록의 상태를 바꾸어야 한다. 악의적인 사용자가 이를 시도할 수 있지만, 중간의 특정 블록이 바뀌면 기존 블록의 정보를 연쇄적으로 저장하고 있던 이후의 블록 상태를 모두 바꿔야 한다. 즉 정보의 위변조를 위해서는 특정 블록의 상태를 바꿔야 하고, 이를 유효하게 만들기 위해 이후 블록의 상태도 모두 변경해야 한다. 블록 상태의 변경은 경제적 인센티브 때문에 더욱 어려워진다. 경제적 인센티브의 도입은 다수의 참여자가 새로운 블록을 경쟁적으로 만들도록 유인한다. 앞서 말했듯 새로운 블록을 만들기 위해서는 많은 연산량이 필요하다. 이는 곧 악의적인 참여자가 특정 블록의 상태를 바꾸기 위해서는 이 참여자들 대부분과 경쟁에서 이길 만큼 큰 연산 파워를 가져야 함을 의미한다.

디지털 자산을 생성하고 거래하는 가장 대표적인 블록체인은 이더리움Ethereum이다. 최근 새롭게 생겨나고 있는 대부분의 블록체인(바이낸스 스마트 체인BSC, 솔라나SOL, 클레이튼KLAY 등)은 이더리움을 벤치마킹하고 있고, 대부분의 NFT가 이더리움과 같은 특성을 가진 블록체인을 기반으로 만들어진다. 이 책도 이더리움 블록체인이 갖는 특성을 중심으로 블록체인을 소개한다.

▌ 이더리움이란?

이더리움 블록체인상에서는 화폐, 증권, 옵션 등 다양한 종류의 자산이나 파생 상품들을 만들어 거래할 수 있다. 이러한 자산은 '스마트 컨트랙트Smart Contract(이하 스마트 계약)'라는 코딩을 할 수 있는 하나의 프로그램상에서 만들어지고 거래되며, 중점적으로 누가 어떤 자산을 얼마나 소유하고 있는지 기록한다.

이더리움상에서 거래가 발생하면 해당 거래에 사용된 자산의 소유권이 다른 사람에게로 이전되며, 여기서 해당 거래가 유효한 거래가 되도록 보장해 주는 기술이 앞서 설명한 블록체인

NFT, 처음 만나는 세계

의 특성이다. 이더리움은 이러한 자산들의 쉽고 안전한 거래를 위해 스마트 계약 코드에 대한 표준을 만들었다. 여기에는 자산의 표현 방법과 거래 방법 등에 대한 자세한 기준이 담겨 있다. 블록체인 사용자들은 자신이 거래하고자 하는 자산의 성격에 따라 서로 다른 표준을 사용하기로 약속했다. 가장 대표적인 것이 분절 가능한^{fungible} 자산을 다루는 ERC20과 분절 불가능한^{non-fungible} 자산을 다루는 ERC721이다.

① ERC20

ERC20은 자산을 거래하기 위한 표준이다. ERC20 토큰은 분절 가능하고, '같은 양의 자산은 같은 가치를 갖는다'는 특징을 가진다. 분절 가능하다는 것은 하나의 토큰을 더 작은 단위로 쪼개 소유권을 가질 수 있음을 의미한다. 또한 교환하고자 하는 자산의 개수가 같다면 그 가치도 같음을 의미한다. 간단한 예시로 이해할 수 있다.

- 분절 가능: 10달러를 1달러와 9달러로 나누어 두 명의 사람에게 지불할 수 있다.
- 같은 가치: 10달러는 다른 사람이 가진 10달러와 동일한 가치를 가지기 때문에 교환할 수 있다.

대표적인 ERC20 토큰으로는 DAI, USDT, USDC와 같이 미국 달러와 동등한 가치를 가지는 스테이블 토큰과 ETH(이더), AXS(엑시인피니티), SAND(샌드박스)와 같이 NFT 거래에 지불 수단으로 사용되는 토큰이 있다.

ERC20 토큰들은 일반적으로 돈과 같은 의미로 사용되기 때문에 이 표준으로 설계된 스마트 계약은 이 토큰을 '누가', '얼마나' 소유하고 있는지에 대한 정보를 기록한다. 조금 더 상세하게 이야기하면 사용자의 주소를 키^{key} 값으로 가지고 토큰의 양을 밸류^{value}로 가지는 자료 구조를 사용하여 ERC20 표준을 만든다. 사용자 A가 B에게 특정 양의 토큰을 전송하는 거래가 일어나면, A와 B에게 기록된 토큰의 양인 밸류의 값이 수정된다.

AXS 토큰을 만들어 관리하는 계약의 상태가 다음과 같다고 가정해 보자.

- Alice (0xc02aab79b223fe8d0a0e5c4f26ead9083c756cc3)
  → 1,000AXS
- Bob (0x2b1fe2cea92a36e8c44b7c215af66aba29b218b2)
  → 200AXS

이때 Alice가 Bob에게 300AXS을 전송했다면, 그다음 블록에서 AXS 계약의 상태는 다음과 같이 바뀐다.

　　　　　　　　　　　　　　　　NFT, 처음 만나는 세계

- Alice (0xc02aab79b223fe8d0a0e5c4f26ead9083c756cc3)
  → 700AXS
- Bob (0x2b1fe2cea92a36e8c44b7c215af66aba29b218b2)
  → 500AXS

이처럼 ERC20은 분절 가능한 토큰을 다루기 때문에 거래가 일어날 때마다 사용자가 보유한 토큰의 개수를 조정한다는 특징을 갖는다.

② ERC721

ERC721은 NFT를 거래하기 위한 표준이다. NFT는 이름 자체도 Non-fungible Token의 약자로, 앞서 살펴본 분절 가능한 토큰들과는 반대되는 특성을 가지고 있다고 추측할 수 있다. NFT는 분절 불가능하기 때문에 더 작은 단위로 쪼개서 거래할 수 없으며, 주로 각각의 가치가 동등하지 않은 예술품이나 저작권, 도메인 이름 거래 등에서 사용된다.

ERC20 표준에서는 어떤 토큰을 '누가', '얼마나' 소유하고 있는지를 기록하는 것이 중요했다면, ERC721 표준에서는 각 토큰이 담고 있는 데이터와 가치가 모두 달라 '무엇을', '누가' 소유하고 있는지에 대한 정보를 기록하는 것이 중요하다. 이로 인해 NFT를 위한 표준인 ERC721에서는 키key 값이 NFT 토큰이 되고 밸류value가 유저의 주소를 나타내는 자료 구조를 사용하게 된다. 따라서 NFT 토큰이 전송되는 등 거래가 일어나면 NFT 소유자의 주소가 바뀌게 되는 형태로 거래가 작동한다.

A라는 작품을 관리하는 계약의 상태가 다음과 같다고 가정해 보자.

> - A → Alice (0xc02aab79b223fe8d0a0e5c4f26ead9083c756
>   cc3)

이때 Alice가 Bob에게 해당 작품을 판매했다면, 그다음 블록에서 계약의 상태는 다음과 같이 바뀐다.

> - A → Bob (0x2b1fe2cea92a36e8c44b7c215af66aba29b21
>   8b2)

| NFT란?

NFT의 거래 표준인 ERC721의 특성을 통해 NFT가 미술품 거래에 유용하게 쓰이는 이유를 이해할 수 있다. 이를 위해 '분절 불가능non-fungible'에 대하여 보다 구체적으로 다루고자 한다. ERC20을 통해 이해했듯 분절 가능하다는 것은 같은 개수를 가진 토큰이 동일한 가치를 가지기에 토큰끼리 대체가 가능함을 뜻한다. 이를테면 A와 B가 가진 10달러 지폐는 모두 다른 지폐이지만 서로 교환하여 대체될 수 있고, 10달러를 쪼개 5달러만 B에게 지불할 수도 있다.

반대로 분절 불가능하다는 것은 같은 것처럼 보이지만 사실은 모든 토큰이 전부 다른 가치를 가지고 있어 대체할 수 없음을 의미한다. 이를테면 A와 B가 가진 그림이 동일한 사이즈이고 심지어 같은 작가가 그린 그림이더라도, 각 그림은 모두 조금씩 다르며 그 조금의 차이에 따라 가치가 천차만별 달라진다. 이러한 특성을 분절 불가능이라 부르며, 분절 불가능한 가치를 가진 대표적인 것이 '예술 작품'이다.

NFT의 이러한 기능적 특성은 미술품이나 게임 아이템 같은, 고유한 특성을 가진 채 유일하게 존재하는 가치를 거래하는 데 사용된다. NFT로 발행된 미술품은 블록체인의 기술적 특성과 더불어 분절 불가능한 특성까지 모두 부여받는다. 다시 말해 블록체인이 가진 특성인 위변조 불가능을 통해 발행되고 거래된 정보가 모두 분산화된 방식으로 안전하게 유지되고, NFT의 각 토큰이 가진 고유한 특성이 유지되고 소유권이 증명될 수 있다. 심지어 모든 NFT 토큰의 상태 변환 정보(예를 들어, A 작품의 거래로 인한 소유권 이전)가 기록되기 때문에 소유권 추적이 가능하다. 더 나아가 필요한 경우 특정한 기능도 함께 구현할 수 있다. 예를 들어, NFT를 만든 예술가에게 해당 작품이 거래될 때마다 거래 비용의 일부를 송금할 수 있는 기능도 스마트 계약으로 프로그램화하여 구현할 수 있다.

NFT, 처음 만나는 세계

3. NFT 시장

NFT는 블록체인 시장의 새로운 장을 열고 있다. 무한 복제가 가능해 디지털 파일의 소유권을 주장하기 어려웠던 이전과 달리, 이제 우리는 블록체인의 속성을 부여받은 NFT를 통해 디지털상에서도 소유권을 보장받을 수 있다. 다시 말해 NFT는 디지털이기 때문에 가능한 모든 장점을 유지하면서 맹점이었던 소유권 문제를 해결하여 디지털상에 자산을 존재할 수 있게 했다. 이로 인해 지금 시장에서는 이를 활용한 수많은 유즈케이스Use Case(트레이딩 카드, 미술, 게임, 아바타 등)가 쏟아져 나오는 중이다.

그러나 NFT가 첫 등장부터 지금과 같은 큰 주목을 받은 것은 아니다. 2017년 말까지 NFT로 유명한 프로젝트는 크립토키티CryptoKitties2(가상의 고양이를 사고, 모으고, 번식시키고, 거래하는 게임)가 유일했다. 블록체인 기술이 세상의 주목을 받을 때에도 그렇지 못할 때에도 NFT는 세상의 큰 관심사가 아니었다. 2020년 중반까지도 NFT의 일별 평균 거래액은 최대 6만 달러

NFT 시가 총액

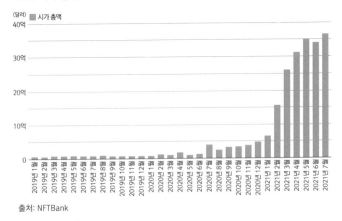

출처: NFTBank

(한화 약 7,600만 원) 정도였다. 그러나 2020년 7월부터 이 시장에 관심과 자금이 몰리기 시작했다.[3]

자금이 모이는 시장은 그 시장의 잠재성에 대한 믿음과 관계없이 깊이 파고들어 살펴볼 필요가 있다. NFT 시장은 전 세계의 관심을 온몸에 받으며 매일같이 이례적인 이슈들을 만드는 중이다. 2021년 3월에는 NFT 총 거래액이 1천만 달러(한화 약 126억 원)를 돌파했고, 세계적인 경매사 크리스티Christie's에 처음 오른 NFT 작가 비플Beeple은 6,900만 달러(한화 약 873억 원)에 작품을 판매했으며,[4] 트위터의 창립자 잭 도시Jack Dorsey가 올린 최초의 트윗은 NFT로 만들어져 약 3백만 달러(한화 약 38억 원)에 판매되었다.[5] 그뿐만 아니라 크립토 아트의 시초라고 볼 수 있는 크립토 펑크의 몇몇 NFT들은 1백만 달러 넘게 거래되고 있으며,6 최근에는 비자^{VISA}에서 첫 디지털 수집품으로 크립토 펑크 한 개를 15만 달러(한화 약 1억 9천만 원)에 매수하기도 했다.7 이외에도 예상치 못한 높은 가격에 많은 NFT가 거래되고 있으며, 현재까지도 그 열풍은 식지 않고 있다.

많은 이들이 매체에서 보고 듣는 NFT란 어떤 그림 혹은 캐릭터, 아이템처럼 시각적으로 볼 수 있는 무엇일 것이다. 그러나 유저들에게 보이는 NFT 프로젝트 외에도 NFT 생태계를 구성하는 요소들은 다양하며, 이 스택은 여러 레이어^{layer}로 나눌 수 있다. 우리가 쉽게 접할 수 있는 NFT 프로젝트를 두 번째 레이어라고 하면, 아래 레이어에는 그 NFT 프로젝트가 존재할 수 있는 근간 기술인 블록체인 레이어가 존재하고, 위로는 프로젝트들을 응용한 서비스 레이어들이 존재한다. 상위 레이어에 속하는 서비스의 예로는 NFT를 사고팔 수 있는 거래소, NFT의 거래를 추적하여 의미 있는 지표를 제공하는 툴, NFT를 담보로 암호 화폐를 대출해 줄 수 있는 플랫폼 등이 있다.

여기서는 핵심 NFT 프로젝트들 외의 다른 레이어는 자세히 다루지 않을 예정이다. 다만 이후에 소개되는 프로젝트들이 NFT 생태계를 구성하는 전부가 아님은 명시한다. 대한민국에서는 NFT가 '소유권을 증명할 수 있는 디지털 아트'로 가장 많이 알려진 듯하나 미술은 NFT의 여러 카테고리 중 하나다.

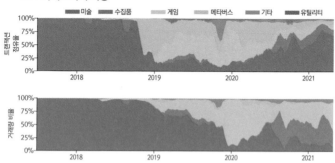

NFT 카테고리의 비중

■ 미술　■ 수집품　■ 게임　■ 메타버스　■ 기타　■ 유틸리티

출처: Nadini, M., Alessandretti, L., Di Giacinto, F. et al. Mapping the NFT revolution:
market trends, trade networks, and visual features. *Sci Rep* 11, 20902 (2021)

위의 그래프는 전체 NFT 거래액과 거래 횟수 안에서 각
NFT 카테고리가 차지하는 비중을 나타낸다. 2018년 말까지는
미술이 대부분의 거래액과 거래 횟수를 차지하지만(특히 크립토
키티), 2019년 1월부터는 다른 카테고리들도 인기를 얻기 시작
하며 지각 변동이 생겼음을 알 수 있다. 2020년 7월부터 전체
거래액에서 미술은 약 71%, 수집품은 약 12%를 차지하는 반
면에 거래 횟수에서는 미술이 10% 정도의 비중만 차지하고, 반
면 게임이 44%, 수집품이 38%다. 따라서 미술은 거래 횟수는
적지만 평균 거래 가격이 높음을 알 수 있다. 이러한 지표로 보
더라도 미술이 NFT 시장의 주류라고 쉽게 단정할 수는 없다.
한편 게임 NFT의 거래 횟수가 전체 거래 횟수의 절반을 차지
하는 점도 굉장히 흥미로운데, 기존 게임 시장의 참여자가 27억

명 정도 존재하고 3년 후에 30억 명을 넘을 것이라는 예측(2020년 12월 기준)[8]을 고려하면 NFT의 게임 시장은 더 성장할 것으로 예상할 수 있다.

이외에도 이 시장은 몇 가지 흥미로운 특성을 가진다. 첫째, 가격 비대칭이 존재한다. 2017년부터 2021년 4월까지 거래된 NFT의 75%는 평균 가격이 10달러 미만인 반면 1%는 평균 가격이 1,500달러 이상이었다. 둘째, 한 번 판매된 NFT 중 두 번째 거래가 일어난 NFT는 20%가 채 되지 않는다. 셋째, 75%의 프로젝트는 30개 정도의 NFT를 보유하고 있는 데 반해 1%의 프로젝트는 1만 개 이상의 NFT를 보유하고 있다. 넷째, 거래액과 거래량이 많아 보여도 소수가 많은 지분을 갖고 거래하여 실제로는 많은 사람이 참여하지 않는 프로젝트도 많다. (비슷한 맥락에서) 다섯째, 실제로 블록체인에 관심이 많은 사람들 중 아직도 많은 이들이 NFT를 소유하지 않는다.[9]

이제 우리는 지극히 새롭고 흥미로운 이 시장에 존재하는 NFT 프로젝트들을 카테고리별로 살펴보며 각 프로젝트가 제공하는 서비스가 무엇인지, 대중들은 이를 어떻게 활용하는지, 그리고 해당 시장이 NFT로 확대되며 어떤 변화를 갖게 되었는지 등을 확인해 보자.

4. NFT 프로젝트 살펴보기

▌트레이딩 카드

스포츠 경기를 즐겨 보는 이라면 지금 소개할 스포츠 트레이딩 카드에 익숙할 것이다. 팬심을 가진 일부 독자들은 이 트레이딩 카드를 수집하고 거래한 경험이 있을지도 모른다. 단순히 수집용으로 출발했던 트레이딩 카드는 1993년 미국의 리처드 가필드Richard Garfield가 '트레이딩 카드 게임'이라는 새로운 장르를 개척하면서 발전했다. 스포츠 선수의 모습과 능력치가 적혀 있는 트레이딩 카드는 점점 실물 카드에서 디지털 카드로 변화했으며, 이를 디지털상에 구현하는 좋은 방법 중 하나가 디지털 생태계와 즉각적인 시너지를 발휘할 수 있는 블록체인 기술을 활용한 NFT다.

스포츠 산업에서 가장 핵심적인 요소는 팬 참여를 유도하는 것이다. NFT는 좋은 유인 효과를 가지고 있어 이미 두터운

팬층을 가진 스포츠 분야에서는 디지털 트레이딩 카드를 NFT로 발행하고 이를 거래할 수 있는 마켓플레이스가 형성되어 있다. 지금부터 농구, 축구, 야구 세 가지 스포츠 시장에서 대표적으로 만들어진 NFT 트레이딩 카드 서비스에 대해 살펴보려고 한다.

① NBA Top Shots(nbatopshot.com)

NBA 탑 샷^{NBA Top Shots}은 현재 NFT 스포츠 트레이딩 시장에서 가장 인기 있는 수집품이다. 2019년 NBA^{National Basketball Association}와 NBPA^{National Basketball Players Association}는 NBA 탑 샷이라는 새로운 디지털 플랫폼을 개발하기 위해 블록체인 회사 대퍼랩스^{Dapper Labs}와 파트너십을 체결했다. 이는 지금의 NFT 시장의 불꽃을 쏘아 올리는 계기가 되었다.

2019년 9월 대중들에게 공개된 탑 샷은 NBA 농구 경기의 순간을 NFT로 만든 모멘트^{moment}를 구입하거나 판매하여 거래할 수 있는 NFT 마켓플레이스다. 탑 샷에서 NFT 모멘트를 구입한 사용자는 자신이 원하는 NBA 경기의 최고의 순간을 소유하게 되고, 2차 판매를 하지 않는 이상 영원히 소유할 수 있다.

2021년 8월 탑 샷에서 가장 높은 가격으로 거래된 NFT는 르브론 제임스가 2020년 2월 6일 휴스턴 로케츠를 상대로 리버스 윈드밀 덩크(골대를 등지고 공을 쥔 팔을 풍차처럼 휘둘러 넣는 골)

를 던진 순간인데, 가격은 21만 달러(한화 약 2억 6천만 원)였다. NBA 경기에 관심이 있다면 NBA 탑 샷 마켓플레이스[10]에서 NFT로 만들어진 모멘트의 거래를 살펴보는 것도 좋은 경험이 될 것이다.

NBA 탑 샷은 향후 소유하고 있는 NFT 모멘트를 사용하여 다른 수집가들과 경쟁할 수 있는 대회인 하드코트Hardcourt를 출시하겠다고 발표했다. 하드코트는 가상의 농구 코트에서 플레이어를 제어하는 3D 게임으로, 사용자가 원하는 플레이어 팀을 구성하면 자신이 소유한 NFT 모멘트를 사용하여 플레이어의 능력을 업그레이드할 수 있다.

② Sorare: 글로벌 판타지 풋볼(sorare.com)

소레어Sorare는 판타지 풋볼(축구) 게임으로 플레이어를 나타내는 트레이딩 카드인 NFT를 거래할 수 있다. 사용자는 실제 리그 경기에서 각 플레이어를 기반으로 포인트를 획득할 수 있는 가상의 팀을 구성하고 관리할 수 있다. 각 경쟁 리그에서 최고의 팀은 ETH 또는 새로운 소레어 상품을 받을 수 있다. 현재 소레어는 4개의 리그와 150개 이상의 개별 축구 클럽과 라이선스 계약을 유지하고 있다. 이는 가장 대표적인 축구 트레이딩 게임인 FIFA[11]의 규모와 비교하여 충분한 성장 가능성을 보여줄 수 있는 지표로 작용한다.

NFT, 처음 만나는 세계

③ MLB Champions: 글로벌 판타지 야구(mlbc.app)

MLB 챔피언스MLB Champions는 NBA 탑 샷과 소레어와 마찬가지로 각 플레이어에 대한 NFT를 발행하고, 이를 사용자가 구매하여 글로벌 판타지 야구 대회에 참가할 수 있도록 한다. MLB 챔피언스는 메이저 리그 야구 선수를 나타내는 디지털 트레이딩 카드를 NFT로 제공하며 이를 위해 라이브 프로 MLB 게임과 연결되어 있다. 경기에 대한 실시간 통계를 수집하여 전통적인 판타지 스포츠처럼 NFT로 발행된 플레이어를 활용하여 즐길 수 있다. 실제 선수와의 라이선스 계약으로 만들어진 소레어와 MLB 챔피언스의 플레이어 NFT는 선수가 은퇴할 경우 게임 내 가치가 없는 아이템이 될 가능성이 크다.

▎ 아트

이미지, GIF, 비디오 기반의 모든 NFT는 넓게 보면 아트 카테고리에 속한다고도 할 수 있다. 그러나 우리는 보다 세부적인 분석을 위해 별도의 유틸리티(게임 아이템 등의 부가적인 기능을 가진 NFT)가 존재하지 않고 '향유의 목적'으로만 만들어진 작품들, 다시 말해 기존 미술 시장에서 분류되는 '미술품'이 NFT와 결합된 프로젝트들만 다루고자 한다. 미술품이 NFT로 발행되어 거래되면 발행과 거래에 대한 모든 기록이 블록체인에 남게 되고, 모든 참여자가 이를 공유받는다. 이러한 블록체인 특성을 결합한 미술 시장은 기존 미술 시장에서 문제점으로 자주 거론되던 소수만이 향유할 수 있는 시장, 옥션 하우스 등 제3자의 개입으로 인한 과도한 거래 비용, 원작자에게 로열티가 돌아가지 않는 것에 대한 해결책이 될 수 있다.

비플의 작품이 6,900만 달러(한화 약 870억 원)에 판매된 것을 시작으로 NFT 미술이 수억, 많게는 수십억 원을 상회하는 가격으로 빈번하게 판매되고 있는 지금, 작품이 그만한 가격에 거래될 가치가 있는지, 투기 심리로 형성된 가격은 아닌지에 관한 논란이 뜨겁다. 하지만 NFT로 디지털 미술품 시장이 점차 확대되고 있는 현상은 우리가 몸소 느끼고 있기에, 필요한 만큼의 시간이 흘러 시장이 안정되면 가격 거품을 다시 한 번 논의할 수 있으리라 기대한다. 여기에서는 NFT 미술을 위한 마켓플레이스로 등장하여 거대한 커뮤니티를 형성하고 있는 슈퍼레어와 제너러티브 아트generative art(알고리즘을 바탕으로 만들어진 예술)를 이더리움 블록체인에 저장하는 프로젝트인 아트 블록Art Blocks을 설명한다.

① SuperRare(superrare.com)

슈퍼레어SuperRare는 2018년 4월, 존 크레인John Crain이 론칭한 NFT 미술을 위한 마켓플레이스다. 쉽게 말해 인스타그램이 크리스티와 같은 기능을 하는 마켓플레이스로, 인스타그램과 비슷한 UI로 사용자가 팔로우하는 아티스트들의 작품과 개인을 위한 추천 작품 등이 제안된다.

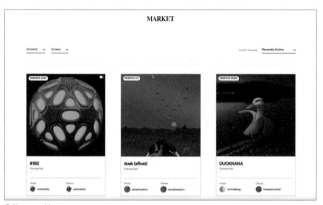

출처: https://superrare.com

슈퍼레어는 블록체인 기술을 활용하여 아티스트, 수집가, 그리고 큐레이터가 주도적으로 형성하고 운영하는 네트워크를 구축하고자 한다. 또한 이러한 방향이 NFT 미술 시장의 미래가 되어야 한다고 믿는다. 슈퍼레어는 아티스트가 처음 작품을 올려서 판매하는 1차 시장뿐만이 아니라 그 작품이 사용자들 간에 재판매되는 2차 시장의 기능까지 포함하는, '디지털상에서 상시 운영되는 아트 마켓플레이스'를 최초로 구축했다.

슈퍼레어에서 작품의 첫 구매자는 커미션으로 구매액의

18%를 지불하는데, 기존 미술 시장 커미션의 절반도 되지 않는다. 또 아티스트는 플랫폼에서 작품이 판매될 때마다 10%의 로열티를 받으며, 구매가 끊이지 않는 이상 영원히 받을 수 있다. 이 영구 로열티 기능이 블록체인 기술을 접목한 핵심 기능이다.

슈퍼레어는 작품의 거래에 블록체인 기술을 사용하기 때문에 소유권 이전에 대한 로열티 측정과 전송을 완벽하게 구현할 수 있다. 기존 미술 시장에서 아티스트는 자신의 작품에 대한 로열티를 정당하게 챙길 수 있는 방안이 한정되어 있었다. 작품이 아티스트의 손을 떠나면 작품이 어디에서 누구의 소유로 존재하는지 명확하게 알기 어려웠기 때문이다. 그러나 슈퍼레어에서는 블록체인의 특성을 활용하여 로열티 지급을 '프로그램 program' 한다. 즉 미술품의 발행부터 모든 거래가 블록체인에 기록되어 투명하게 보이고, 아티스트는 작품이 거래될 때마다 스마트 계약을 통해 작품 구매 비용의 10%를 실시간으로 받을 수 있다. 그뿐만이 아니다. 슈퍼레어는 2021년 8월부터 작품의 수집가 또한 계속해서 수혜를 받을 수 있도록 시스템을 개편했다.[12] 수집가에게도 로열티의 일정 부분을 지급함으로써 미술품의 창작뿐만 아니라 수집도 장려하여 NFT 미술 커뮤니티를 확장하고자 하는 것이다.[13]

슈퍼레어는 2021년 8월 기준 13만 명의 트위터 팔로워를 보유하여 NFT 프로젝트 중에서 거대한 커뮤니티를 형성하는데

1,400명 이상의 아티스트가 활동 중이며 9천만 달러 이상의 미술품을 보유하고 있다. 2021년 8월 기준 슈퍼레어의 아티스트들은 자신의 작품에 대한 로열티로 300만 달러 이상을 지불받았다.

살아 있는 아티스트들에게 조금 더 공정하고 지속 가능한 시장을 만들어 줄 수 있다는 것, 그리고 이제는 창작자뿐 아니라 수집가에게도 인센티브를 제공한다는 측면에서 이 프로젝트는 기존 미술 시장에서 거의 불가능했던 것을 가능하게 함으로써 미술 시장의 새로운 장을 열었다. 이 프로젝트에 이토록 많은 사람이 열광하는 이유다.

② Art Blocks(artblocks.io)

아트 블록Art Blocks은 에릭 칼데론Erick Calderon(필명 SnowFro. 트위터 팔로워가 2만 명 이상인 인플루언서다)이 만든 탈중앙화된 제너러티브 아트 플랫폼이다. 제너러티브 아트란 작품의 일부나 전체가 알고리즘에 의해 자동으로 생성되는 미술을 말한다. 에릭 칼데론은 제너러티브 아트가 기존 미술 시장에서 저평가되어 있음을 아쉽게 생각했다. 그래서 이러한 작품을 보다 많은 대중에게 알릴 수 있도록 아트 블록 프로젝트를 시작했다.

아트 블록에서 사용자가 원하는 프로젝트를 선택하고 토큰을 구매하면, 그 즉시 해당 프로젝트의 알고리즘generative script에 의해 무작위로 만들어진 유일무이한 NFT 미술이 자동으로 탄생한다. 창립자 에릭은 크로미 스퀴글Chromie Squiggle이라는 이름을 가진 프로젝트를 만들어 판매했고, 200개의 작품이 몇 시간 만에 완판되기도 했다.[14]

▍게임

필리핀에서는 블록체인 게임으로 생활비를 버는 사람들이 있다. 필리핀의 평균 월급보다 게임을 통해 벌 수 있는 돈이 많기 때문이다. 이들이 열심히 하는 이 게임은 블록체인과 NFT를 활용한 게임 생태계의 선두를 달리고 있는 엑시 인피니티Axie Infinity다. 엑시 인피니티는 2021년 7월 한 달간 매출이 6억 6천만 달러(한화 약 8,350억 원)에 달할 정도로 블록체인 기반의 다른 어플리케이션 매출을 압도적으로 능가하는 수치를 달성했다.[15] (2022년 3월 말, 엑시 인피니티가 사용하는 자체 체인 로닌 브릿지에서 당시 기준으로 6억 1,500만 달러(한화 기준 약 7,450억 원) 이상의 코인이 해킹당하는 사태가 발생했다. 하지만 엑시 인피니티를 운영하는 스카이 마비스 측의 대처로 유저들의 신뢰를 빠르게 회복 중이다.)

블록체인 기반의 플레이투언Play-to-Earn(P2E) 게임(실제로 돈을 벌 수 있는 게임)과 전통적인 게임의 가장 큰 차이점 중 하나는 암호 화폐를 사용하여 플레이어에게 수익을 창출할 수 있는 기회를 제공해 준다는 데 있다. 전통적인 게임 산업에서는 게임 안에서 만들어지고 교환되는 재화가 모두 게임 개발사와 운영사의 소유였다. 따라서 플레이어가 이 수익을 직접적으로 취할 수 없었다. 즉 사람들이 게임 아이템을 구매하거나 게임에 적극적으로 참여할수록 게임 개발사가 거의 모든 경제적 이익을 취하는 구조였다. 이에 반해 블록체인은 P2E라는 개념을 도입하여 플레이어가 적극적으로 게임에 참여할수록 발생하는 이익을 플레이어가 가질 수 있도록 했다.[16]

블록체인 게임에서 명실상부한 최강자인 엑시 인피니티와 NFT 게임이 처음 사람들에게 알려진 계기가 된 크립토키티를 알아보자.

디앱들의 30일간 총수익 순위

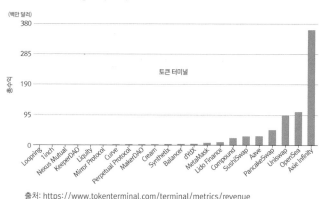

출처: https://www.tokenterminal.com/terminal/metrics/revenue

① Axie Infinity(axieinfinity.com)

2018년 쭝 탄 응우옌Trung Thanh Nguyen이 론칭한 프로젝트로, 2020년부터 급속한 성장을 이루어 현재 이더리움 NFT 생태계 내에서 압도적인 1위를 차지하고 있다.[17] 보통의 블록체인 기반 어플리케이션과 달리 자체 마켓플레이스가 존재하고 게임 속도 등의 개선을 위해 자체 사이트 체인인 로닌Ronin을 구축하여 효율적인 게임 운영을 한다.

엑시를 수집하고 교배하는 게임 엑시 인피니티

출처: https://axieinfinity.medium.com/october-development-update-2d4d0df4debc

엑시 인피니티는 엑시Axie라는 펫을 수집하고 교배breed하여 대전에 참가하고 돈을 버는 대표적인 P2E 게임으로, 게임과 수집품의 요소를 모두 지닌다. 플레이어는 매일 퀘스트를 완료하거나 PVP 배틀(서로 다른 플레이어 캐릭터 사이에서 벌어지는 싸움)에

NFT, 처음 만나는 세계

참여하여 높은 순위를 기록하고 상품을 얻어 게임 내에서 수익을 낼 수 있다. 또 교배를 통해 만들어 내거나 수집한 엑시를 마켓플레이스에 판매하여 부가적인 수익을 창출할 수 있다. 이때 희귀한 엑시일수록 더 비싼 값에 판매되며, 거래는 SLP라는 엑시 인피니티 내의 유틸리티 토큰으로 이루어진다.

엑시 인피니티에는 엑시(NFT 토큰), SLP(엑시를 거래하는 ERC20 토큰) 외에도 하나의 토큰이 더 존재한다. AXS라는 거버넌스 토큰(특정 생태계의 의사 결정에 영향을 미칠 수 있는 투표권을 행사하는 데 사용되는 토큰의 종류)이다. AXS는 사용자가 엑시 인피니티 내에서 직접 게임하고 게임 생태계를 주도적으로 이끌 수 있게 하는 수단으로 볼 수도 있기에 플레이투언을 견인하는 핵심 요소라 할 수 있다. 또한 아이템 매매가 일어날 때마다 발생하는 4.25%의 수수료는 AXS를 가진 사용자들이 분배받을 수 있도록 설계되었다.[18]

엑시 인피니티에서 주목할 만한 또 다른 특징은 스칼라십 Scholarship 제도다. 엑시 인피니티 게임을 하기 위해서는 세 마리의 엑시가 필요하다. 그런데 엑시의 인지도가 높아지고 커뮤니티가 커지면서 엑시 1개의 값이 너무나 비싸져 게임에 처음 발을 들여놓는 신규 유저들은 비용적으로 큰 진입 장벽을 마주하게 되었다. 이에 엑시 인피니티에 일찍 진입하여 이미 많은 엑시를 보유하고 있는 사용자들이 세 마리의 엑시를 살 금전적인 여유가 없는 신규 유저들에게 엑시를 빌려주고 이들이 게임을 통해 얻은 수익의 일부를 나눠 가질 수 있는 시스템을 스칼라십으로 정착시켰다.[19] 스칼라십 제도가 진입 장벽을 낮추면서 계속해서 신규 유저가 유입되어 커뮤니티의 크기는 보다 확장될 수 있었으며, 엑시를 빌려주는 사용자[manager]는 자신이 혼자 게임하는 것보다 많은 수익을 얻을 수 있게 되었다. 또한 엑시를 빌리는 사용자[scholar]는 초기 비용 없이 게임을 즐기고 수익을 얻을 수 있는 선순환 구조가 발생했다. 블록체인 기술이 아니었다면 게임 내에서 토큰을 통한 수익 창출 구조 등이 생성되기 어려웠을 것이기에 블록체인 기반 게임으로서 성공한 엑시 인피니티가 우리에게 시사하는 바가 크다고 볼 수 있다.

② CryptoKitties(crypto-kitties.co)

엑시 인피니티가 2021년을 대표하는 블록체인 게임이라면 크립토키티는 블록체인 게임계의 조상이라고 할 수 있다. 2017년 11월, 대퍼랩스에서 론칭한 이 프로젝트는 지금처럼 NFT 시장이 활성화되기 전까

출처: https://www.cryptokitties.co/profile/0xd387a6e4e84a6c86bd90c158c6028a58cc8ac459/collections/16

NFT, 처음 만나는 세계

지 대중에게 널리 알려졌던 거의 유일한 블록체인 게임이었다. 크립토키티도 ERC721 표준을 사용하여 이더리움 블록체인 위에서 운영되며 가상의 고양이들을 수집하고, 교배하고, 거래하는 게임이다. 개발사인 대퍼랩스에서는 Gen 0(0세대) 고양이 5만 마리를 만드는 것까지만 담당했다. 그 후로는 사용자들이 자발적으로 고양이를 구매하고 교배하여 후손을 만들어 내 2021년 8월 기준 4,500세대 이상에 달한다. 이 고양이 또한 희귀도와 외형에 따라 가치가 결정된다.[20]

▌아바타

NFT 아바타는 2021년 2분기 가장 중요한 트렌드로 자리 잡았다. 2021년 상반기 매출액으로 6억 달러(한화 약 7,500억 원)를 달성했고, 그중 3.5억 달러가 2분기 동안 달성한 매출이다. NFT 아바타는 개인이 인터넷에서 자신을 대표할 수 있도록 설계된 수집품이다. 앞에서 소개한 미술품 NFT도 아바타로서의 역할을 수행할 수 있지만, 아바타 NFT는 캐릭터 등으로 특정하게 설계된 수집품만 다룬다. NFT 아바타는 대부분 한정판 컬렉션으로 출시되는 것이 일반적인데, 이로 인해 사치품과 같이 소수가 집중적으로 소유하는 특징이 있다. 바이너엑스VaynerX의 회장이자 바이너미디어VaynerMedia의 CEO인 게리 바이너척

Gary Vaynerchuk은 트위터에 자신이 52개의 펑크Punks(크립토펑크에서 만든 NFT로, 총 1만 개의 아바타만 존재한다)와 54개의 미비츠Meebits(미비츠에서 만든 NFT로 총 2만 개의 아바타만 존재한다)를 보유하고 있다고 공개했다. 이와 같은 소유의 불균형은 상품의 희소성을 부여하는 데는 도움이 되지만, 소유자가 판매하지 않

바이너엑스의 회장이자 바이너미디어의 CEO인 게리 바이너척의 트위터

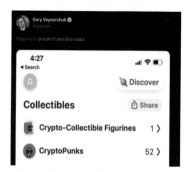

출처: https://twitter.com/garyvee/status/1411677972357070859

는 이상 다른 사용자가 그 제품을 보유할 수 없기 때문에 새로운 사용자의 유입을 통한 커뮤니티 성장은 감소할 수 있다.

아바타 NFT에서 가장 대표적인 프로젝트는 크립토펑크이며, 이후 출시된 새로운 아바타 프로젝트는 크립토펑크와 유사한 특성을 갖는다. 지금부터 크립토펑크에 대해 구체적으로 알아보고, 이와 유사한 프로젝트인 미비츠, 지루한 유인원들의 요트 클럽Bored Ape Yacht Club(이하 BAYC)도 간략하게 살펴보고자 한다.

① Cryptopunks

2017년 6월에 출시된 크립토펑크Cryptopunks는 현재 이더리움에서 가장 오래된 NFT 프로젝트로 알려져 있다. 크립토펑크

NFT, 처음 만나는 세계

는 1만 개 한정으로 만들어진 24x24 픽셀 아트 이미지로, 모두 알고리즘적으로 생성된 고유한 이미지다. 생성된 1만 개의 이미지 중 대부분은 남성(6,039개), 여성(3,840개)을 나타내는 픽셀이지만 원숭이, 좀비, 외계인 같은 희귀한 이미지도 섞여 있다.

750만 달러에 판매된 #7804 펑크

출처: https://opensea.io/assets/0xb 47e3cd837ddf8e4c57f05d70ab865 de6e193bbb/7804

비플의 NFT 작품이 6,900만 달러 (한화 약 870억 원)에 판매되었다는 소식이 들리기 몇 시간 전, 크립토펑크의 작은 모자를 쓴 외계인의 24x24 픽셀 초상화가 750만 달러(한화 약 95억 원)에 판매되었다. 하루가 채 지나기도 전에 비플의 경매가 진행되어 이 판매는 상대적으로 주목받지 못했지만, 그럼에도 NFT 시장에서는 크립토펑크의 거래 또한 상징적이었다고 할 수 있다.

#7804(크립토펑크와 같은 아바타는 생성 순서를 기반으로 번호를 매겨 이름을 붙인다. 생성 번호가 곧 이름임을 명시할 수 있도록 번호 앞에 '#'을 붙이는 것이 일반적이다) 펑크를 판매한 사람은 웹 기반 디자인 편집 애플리케이션 피그마Figma의 공동 설립자이자 CEO인 딜런 필드Dylan Field다. 그는 2018년 1월에 #7804를 14만 988달러(한화 약 1,800만 원)에 구매했다. 그리고 이번 거래를 통해 구

매 후 약 3년 만에 500배의 수익을 얻었다. 펑크의 가격이 극적으로 상승하게 된 이유에는 다양한 해석이 있지만, 그중 암호화폐의 전체적인 가격 상승, NBA 탑 샷의 인기 증가, NFT 컬렉션 시장의 부활로 인한 투자자의 수 증가 등의 요인이 설득력을 가진다.

크립토펑크에서 만들어 낸 NFT 펑크는 예술품일까, 수집품일까, 아바타일까, 혹은 가격 상승에 의한 베팅 상품일까? 이에 대한 정의는 여전히 모호하지만(심지어 이 글을 쓰고 있는 우리도 정확한 정의를 내릴 수 없다), 그럼에도 불구하고 일반적으로 크립토펑크를 아바타 카테고리로 분류하는 이유는 소유자들이 자신이 구매한 펑크를 트위터 등 소셜 미디어 프로필로 이용하며 자신의 정체성을 표현하고 있기 때문이다.

크립토펑크의 인기에 힘입어 이를 대여할 수 있는 새로운 플랫폼인 reNFT가 등장했다. reNFT는 최대 99일까지 펑크를 대여할 수 있는 서비스를

출처: https://twitter.com/search?q=%23cryptopunks&src=typed_query&f=user

제공한다. 이를 대여한 사용자는 대여 기간 동안 트위터, 디스코드 및 기타 소셜 플랫폼에서 해당 펑크를 자신의 아바타로 사용할 수 있다.

② Meebits

크립토펑크의 제작사인 라바랩스Larva Labs가 만든 미비츠Meebits는 가상 세계의 아바타인데, 2만 개 한정으로 NFT 3D 캐릭터가 출시되었다. 비플의 작품인 〈매일: 첫 5,000일Everydays: The First 5,000 Days〉을 6,900만 달러(한화 약 870억 원)에 판매한 국제 경매 회사인 크리스티는 2021년 9월 17일부터 28일까지 크립토펑크, BAYC, 미비츠 NFT 컬렉션을 판매하는 '노 타임 라이크 프레젠트No Time Like Present'

경매를 개최하여 총 1,200만 홍콩 달러(한화 약 19억 원)를 모금했다.

출처: https://twitter.com/search?q=%23BAYC&src=typed_query&f=user

③ Bored Ape Yacht Club (BAYC)

2021년 4월 30일, BAYC는 1만 개 한정의 NFT 아바타를 출시하여 0.08ETH에 판매했으며, 단 하루 만에 모든 NFT를 판매했다. 이후 2021년 2분기에 6천만 달러(한화 약 760억 원) 이상의 매출을 달성했다. 2022년 3월 기준 NFT 마켓플레이스인 오픈씨OpenSea에서 판매 중인 가장 저렴한 BAYC의 가격은 79.69ETH다. BAYC NFT는 크립토펑크와 마찬가지로 소유자의 트위터 프로필로 설정되어 많이 노출되면서 시장 규모 성장에 기여하고 있다.

이 밖에 다른 NFT 아바타 프로젝트도 한정판 컬렉션으로 출시되는 것이 일반적이다.

- Wicked Craniums: 10,762개
- Bulls on The Block: 10,000개
- My Fking Pickle: 10,000개
- Slumdog Billionaires: 10,000개

5. NFT가 존재할 수 있는 공간

사람들이 NFT를 구매하는 이유는 다양하다. 누군가는 외형이 마음에 들어서, 누군가는 재테크를 위해, 또 누군가는 과시용으로 NFT를 구매한다. 구매 이유가 무엇이든 NFT에는 다른 사람들에게 보여 주기 위한 목적이 분명히 들어 있다. 심미적인 이유로 NFT를 구매한 사람은 누군가에게 그 작품을 자랑하고 싶고, 재테크를 위해 구매한 사람도 작품의 가치를 더 높이기 위해 다른 사람들에게 그 작품을 많이 노출시켜야 한다. 과시용으로 NFT를 구매한 사람은 더 설명할 필요도 없다. 사람들은 자신의 NFT를 어디서 어떻게 타인에게 자유롭게 보여 줄 수 있을까?

| NFT 마켓플레이스

본인 소유의 NFT를 가장 쉽게 공유할 수 있는 대표적인 곳은

NFT 마켓플레이스다. 여러분이 NFT에 가장 가깝게 접근할 수 있는 곳도 NFT 마켓플레이스일 것이다. NFT 마켓플레이스는 소비자들이 쉽게 NFT를 구매하고 판매할 수 있도록 도와주는 플랫폼이다. 나아가 작가들의 NFT 시장 진입을 돕기 위해 작가의 디지털 아트를 손쉽게 NFT로 만들 수 있는 기능도 함께 제공한다. 작품을 구매한 사람들이 다른 사람들에게 작품을 재판매하는 세컨더리 마켓의 기능도 수행하고 있다. 즉 NFT 마켓플레이스는 불특정 다수의 사람들에게 판매 목적으로 작품을 노출시키는 플랫폼이다.

가장 대표적인 NFT 마켓플레이스인 오픈씨

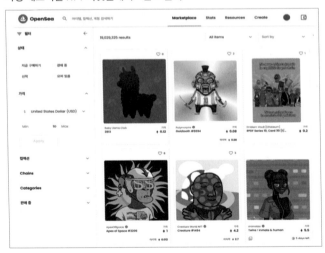

출처: https://opensea.io/

NFT, 처음 만나는 세계

기존 미술 시장에서 작품 거래를 위해 필요한 대표적인 요소로는 경매 회사와 갤러리가 있다. NFT 미술 거래 시장에서는 다음의 마켓플레이스가 비슷한 역할을 수행한다. 니프티 게이트웨이와 오픈씨는 모든 창작자가 자신의 작품을 시장에 선보일 수 있도록 지원하는 오픈 마켓플레이스다. 슈퍼레어는 경매 회사나 갤러리와 비슷하게 소수의 창작자들의 작품을 발굴하고 지원하는 역할을 담당한다. 니프티 게이트웨이와 슈퍼레어는 엄선된 소수의 창작자의 작품만 게시하기 때문에 운영하는 작품의 수는 제한되지만, 오픈씨 같은 오픈 마켓플레이스에 비해 브랜드 인지도를 만들고 소비자의 작품 가치 판단에 도움을 주는 역할을 수행한다.

① Nifty Gateway(niftygateway.com)

니프티 게이트웨이Nifty Gateway는 2020년 12월 비플의 〈THE COMPLETE MF COLLECTION〉을 77만 7,777달러(한화 약 9억 8천만 원)에 판매한 마켓플레이스로 이름을 알리면서 창작자의 NFT를 소비자들에게 공개drop할 수 있는 최고의 NFT 마켓플레이스 중 하나로 자리 잡았다. 니프티 게이트웨이는 매일 새로운 NFT를 공개하며 2021년 2월 5,500만 달러(한화 약 690억 원) 이상의 판매액을 기록했다. 모회사인 제미니Gemini가 이러한 성과에 크게 기여했다. 제미니가 암호 화폐의 거래를 지원하는 제품을 제공하고 있어 다른 제품과 통합할 수 있다는 측면에서 니프티 게이트웨이는 다른 마켓플레이스와 비교했을 때 잠재적인 경쟁 우위를 갖는다.

② MakersPlace(makersplace.com)

2016년에 설립된 가장 오래된 디지털 아트 마켓플레이스 중 하나다. 경매 회사 크리스티와의 제휴를 통해 현재 가장 유명한 NFT 미술 제작자인 비플의 작품을 판매하고 있다. 신용카드로도 NFT를 거래할 수 있게 지원하여 법정 화폐로 NFT를 거래할 수 있는 몇 안 되는 플랫폼 중 하나다. 암호 화폐로만 거래 가능한 다른 마켓플레이스보다 소비자의 진입 장벽이 낮다. 메이커스플레이스MakersPlace의 창작자가 되기 위해서는 해당 커뮤니티의 초대로만 가능하며, 초대를 받기 위한 지원서를 제출할 수도 있다.

③ Foundation(foundation.app)

자칭 문화 증권 거래소culture stock exchange로 소개되는 파운데이션Foundation은 2021년 2월 NFT 아트 마켓플레이스를 출시했다. 2021년 8월까지 7,700만 달러(한화 약 975억 원)의 판매량을 기록하며 메이커스플레이스와 경쟁하는 신흥 아트 마켓플레이스다. 파운데이션은 'Artist Invite' 시리즈를 블로그에 연재하며 시장의 창작자를 지속적으로 소개하는 갤러리 역할과 작품 경매 회사의 역할을 함께 수행한다. 이곳의 창작자가 되기 위해서는 커뮤니티의 추천을 받거나 이미 등록된 NFT 작품이 한 번 이상 판매된 창작자의 초대를 받아야만 한다.

▌ 소셜 미디어

아바타 NFT를 소개하며 펑크의 소유자들이 자신의 NFT를 트위터 등 소셜 미디어 프로필로 설정하여 아이덴티티를 표현하고 있다고 소개했다. 이러한 현상을 볼 때 NFT가 존재할 수 있는 공간으로 소셜 미디어가 활용된다는 것을 알 수 있다. 1만 개 한정으로 발행된 크립토펑크 NFT는 그 자체의 희소성으로 인해 이를 가지고 있는 소유자는 자신의 펑크를 일종의 훈장처럼 사용한다. 크립토펑크는 최소 몇백 ETH에서 비싸게는 몇천 ETH의 가격으로 거래되는데, 2022년 3월 1,000ETH의 가치가 한화 약 30억 원에 달하는 것을 감안할 때 아주 큰 금액임을 알 수 있다. 이 때문에 크립토펑크를 가지고 있다는 자체만으로도 블록체인 기술을 오래전부터 주목하여 미리 펑크를 구매한 사람이거나 현재 큰 자산가임을 증명할 수 있는 수단이 될 수 있다.

이에 크립토펑크 소유자들은 소유 자체를 자랑스러워하며

소셜 미디어에 프로필로 설정하여 자랑하곤 한다. 현재 크립토펑크뿐만 아니라 수많은 NFT가 발행되고 있으며, 이더리움을 비롯한 솔라나Solana, 아발란체Avalanche 등 다른 블록체인에서도 NFT를 발행하고 있다. 사람들은 이 NFT를 구매하여 소셜 미디어에 올림으로써 해당 커뮤니티에 대한 자신의 애정이나 선구자적 안목 혹은 재력을 과시한다.

트위터 프로필 사진으로 크립토펑크를 올린 컴파운드Compound 창립자 로버트 레쉬너Robert Leshner

출처: https://twitter.com/rleshner

▌ 가상 전시관

NFT 시장이 커지면서 이제는 자신이 소유한 NFT를 본인의 가상 전시관에 배치하여 꾸미고 이를 다른 사람들에게 공유할 수 있는 서비스가 생겼다. 대표적인 가상 전시관인 사이버CYBER는 전시 공간을 제공함과 동시에 개인이 마켓플레이스에 올려 판매하고 있는 NFT를 전시 공간에서 바로 거래할 수 있는 기능도 함께 제공한다. 가상 전시관은 다수의 NFT를 가지고 있는 사람들이 자신만의 전시관을 만들어 다른 사람들에게 자신의 취향과 재력 등을 자랑할 수 있도록 해 준다. 이렇게 만들어진 개인의 가상 전시관은 링크나 허가가 있어야 들어올 수 있으므로 불특정 다수를 대상으로 NFT를 공개하는 마켓플레이스나 소셜 미디어와 달리 소유자의 개인 네트워크를 대상으로 한다는 차이점이 있다.

nasty_buddha의 CYBER 전시장

출처: https://oncyber.io/nasty_buddha

▎ MMORPG 게임과 메타버스

게임, 특히 MMORPG^{Massively Multiplayer Online Role-Playing Game} 게

임은 개발사가 고유의 세계관을 가진 가상 세계를 만들어 사용자들에게 제공하고, 사용자들은 그 세계에서 각자의 역할role을 부여받거나 선택하여 플레이한다. 사용자들은 게임 속의 역할과 목표를 수행하면서 성취감을 얻고 즐거움을 느낀다. MMORPG 게임의 특성상 사용자들은 게임 속에서 서로 상호 작용하는데, 이 과정에서 하나의 사회가 만들어지며, 사용자들은 게임의 목표 달성뿐만 아니라 다른 사용자들과 소통하고 상호 작용하는 과정에서도 즐거움을 느끼게 된다. 그러한 과정에서 사용자들은 자연스럽게 게임 속에서 자신을 표현하고 싶은 욕구를 가지고, 게임에서 자신의 성취를 드러내거나 캐릭터의 외형을 가꾼다.

MMORPG 게임 속 사용자들은 하나의 사회를 이루지만 그 사회는 게임을 플레이하는 사용자들만의 사회다. 게임을 플레이하지 않는 사람들은 그 사회의 일원이 아니기 때문에 게임에서의 성취나 자산 등에 대해서 가치가 없다고 생각하기 쉽다. 만약 게임 속의 성취나 자산이 게임 밖으로 나와 현실과 연결될 수 있는 통로가 존재한다면, 그리고 그 자산의 가치를 누구나 정량적으로 평가할 수 있다면, 더 나아가 그 자산을 활용하여 여러 가지 금융 상품을 만들어 낼 수 있다면, 게임 속 사회는 현실 사회와 긴밀하게 연결될 것이다.

예를 들어, 게임에서 10만 원의 가치를 가지는 아이템은 그 게임을 플레이하는 사용자들 사이에서만 그러한 가치로 거래되었다. 이 아이템을 동일한 가치로 게임 밖에서도 거래할 수 있다면, 게임을 플레이하지 않는 사람들도 그 아이템을 사고팔 수 있다. 또한 그 아이템을 담보로 다른 자산을 빌리거나 아이템의 가격 상승이나 하락에 대처할 수 있는 선물/옵션 상품도 만들어 낼 수 있을 것이다. 물론 이러한 상품들은 게임 내 커뮤니티가 탄탄하게 형성되어 있을 때 가능하겠지만 이미 유저층이 두터운 게임이라면 이러한 커뮤니티의 확장이 가능하다.

코로나 사태 이후로 비대면 사회가 각광을 받게 된 오늘날, 가상 세계가 게임을 넘어 다양한 커뮤니티를 형성할 수 있는 플랫폼으로 급격하게 변화 중이다. 그리고 사람들은 이렇게 변모하는 가상 세계를 '메타버스'라고 새롭게 정의하는 듯하다.

메타버스가 어떻게 현실과 연결될 수 있는지가 지금부터 들여다볼 주제다. 메타버스에서 생산되는 자산이나 성취 등은 기본적으로 메타버스를 구현하고 운영하는 서버에서 저장하고 다루게 된다. 그러므로 메타버스에서 만들어진 재화를 거래하기 위해서는 메타버스 운영 서버에 접속해야 한다. 여기에 블록체인 기술이 접목되면, 재화에 대한 거래를 메타버스 운영 서버가 아닌 블록체인 플랫폼으로 위임할 수 있다.

블록체인 위에 생성된 게임 아이템은 누구나 접근할 수 있고 활용 가능한 재화가 되며, 이러한 재화를 가장 잘 만들어 낼 수 있는 것이 NFT다. 이를테면 제페토(네이버제트에서 서비스하는 메타버스 플랫폼)에서는 가상 세계 속 아바타들이 입을 수 있는 옷이나 액세서리 등을 만들어서 판매하고 수익금을 현금화할 수 있다. 실제로 제페토의 크리에이터 렌지는 옷을 만들어 판매하여 한 달에 1,500만 원의 수익을 올리기도 했다.[21] 제페토에서 만들어지는 이러한 재화들은 현재 제페토를 플레이하는 유저들 사이에서만 거래 중인데, 이 재화가 NFT로 만들어져 앞서 살펴본 마켓플레이스에서 거래된다면 제페토 플레이어가 아닌 사람들도 이를 거래할 수 있게 된다. 이러한 현상은 제페토의

출처: 네이버제트

NFT, 처음 만나는 세계

재화를 거래하는 사람과 자본을 늘려 거래를 더욱 쉽게 만들 것이다. 더 나아가 이 재화를 담보로 다른 자산을 빌리는 등 여러 파생 상품도 만들 수 있다.

NFT는 블록체인 커뮤니티 및 메타버스를 플레이하지 않는 일반인들까지 메타버스상에 만들어진 재화를 거래할 수 있도록 시장을 확장시키는 역할을 수행할 수 있다. 또한 메타버스는 NFT 소유자들이 자신의 NFT를 보여 줄 수 있는 공간 그 자체로서의 역할도 수행 가능하다.

6. NFT 거래하기

내 작품을 NFT로 만들고 싶다면, 혹은 이미 만들어진 NFT를 구매하고 싶다면 어떻게 해야 할까? NFT 마켓플레이스 중 대표적인 서비스인 오픈씨를 통해 내 작품을 NFT로 발행하는 방법과 이를 거래하는 방법을 살펴보자.

❶ 오픈씨를 이용하려면 웹브라우저 주소창에 opensea.io를 입력하고 접속하면 된다.

❷ NFT를 발행하기 위해서 '만들기' 버튼을 누르면 다음과 같은 화면을 볼 수 있다.

❸ 오픈씨는 일반적으로 메타마스크 지갑을 이용하며, 처음 접속하는 사용자는 서명을 통해 서비스에 대한 이용 권한을 얻어야 한다. 서명을 마치면 다음과 같은 화면을 볼 수 있다.

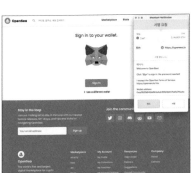

❹ 다음 화면에서 필요한 정보들을 채워 넣고 'Create'를 누르자.

❺ 다음과 같이 NFT가 생성된다.

❻ 이렇게 생성한 NFT를 오픈씨 마켓플레이스에서 판매하려면 '판매하기'를 누른다.

❼ 다음과 같은 화면을 볼 수 있고, 비딩 방식과 가격 등을 설정할 수 있다.

❽ 판매 정보를 모두 입력하고 'Post your listing'을 누르면 메타마스크 팝업창이 뜨며 수수료를 지불하는 페이지가 나온다. 가격을 확인하고 '확인'을 눌러 트랜잭션을 블록체인 네트워크에 전파한다.

NFT, 처음 만나는 세계

❾ 트랜잭션이 블록에 담기면
서명 페이지가 나온다.
'서명'을 눌러 서명하자.

❿ 서명까지 완료되면 다음과 같은 화면이 뜬다.
'View item'을 누르면 다음과 같은 판매 페이지를 볼 수 있다.

여기까지 NFT를 발행하고 거래하는 방법을 알아보았다.

오픈씨와 같은 NFT 마켓플레이스를 이용하면 누구나 쉽고 간단하게 자신의 디지털 작품을 대중들에게 노출시키고 판매할 수 있다. 아직 세상 밖에 나오지 못한 작품을 가지고 있다면 NFT로 만들어 오픈씨에서 발행해 보면 어떨까?

NFT, 처음 만나는 세계

2장

역사와 현장:

NFT 미술의 출발부터 현재까지

캐슬린 김(미국 뉴욕주 변호사, 홍익대학교 문화예술경영대학원 겸임교수)

1. NFT '프로토타입'의 탄생

"블록체인을 통해 디지털 아트의 소유권과 소유권 이력을 증명할 수 있다!"[1]

2021년 한 해 동안 흔하게 볼 수 있던 기사 제목이 아니다. 2014년 5월 한 예술 프로젝트의 진행 결과를 요약한 웹사이트 글의 소제목이다. 2014년 5월 2일, 다양한 장르와 방식의 실험적인 예술을 위한 대안 공간을 목표로 1977년 설립된 컨템퍼러리 전문 미술관인 뉴욕의 뉴뮤지엄New Museum에서는 또 한 번의 혁신적인 동시대 미술의 역사적 현장이 펼쳐지고 있었다. 7년 후인 2021년에 이 '사건'이 무슨 의미로 남게 될지는 예상하지 못했겠지만 말이다.

케빈 맥코이: 이 디지털 작품 살래? 20달러 어때?
애닐 대시: 4달러밖에 없네.

NFT, 처음 만나는 세계

케빈 맥코이: 좋아.

오후 7시, 디지털 아티스트 케빈 맥코이Kevin McCoy는 관람객들이 지켜보는 앞에서 구매자인 애닐 대시Anil Dash로부터 4달러를 건네받고 그 자리에서 디지털 예술 작품(#1217706)의 소유권을 이전했다. 기존의 예술 거래와 다른 점은 작품의 소유권 이전이 네임코인Namecoin(도메인 이름을 만들고 교환하는 데 사용되는 시스템으로, 코인에는 도메인 이름 자체에 대한 정보가 포함되어 있다)이라는 블록체인을 통해 이루어졌다는 점이고, 당시 태동하던 가상화폐 거래와 다른 점은 거래 대상이 예술가가 창작한 디지털 아트의 '원본'이라는 것이었다.

이 작품의 판매자와 구매자는 '세븐 온 세븐Seven on Seven'이라는 제5회째를 맞는 라이좀Rhizome의 연례 컨퍼런스에 참가 중이었다. '세븐 온 세븐'은 디지털 아트의 무한한 가능성을 실험하기 위해 설립된 기관 라이좀과 뉴욕 뉴뮤지엄의 협력 프로젝트였다. 예술가 7명과 영향력 있

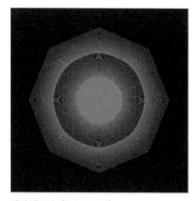

케빈 맥코이, 〈#1217706〉
2014년 '세븐 온 세븐' 프로젝트의 NFT 프로토타입 작품이다.

는 과학 기술 전문가 7명이 2명씩 한 팀을 이루고 협업하여 테크 업계의 해커톤Hackathon(팀을 이뤄 마라톤하듯이 긴 시간 동안 결과물을 완성하는 대회)처럼 단 하루 동안 머리를 맞대고 상상할 수 있는 무엇이든 새로운 것을 시도해 보는 프로그램이다. 여기에서 사회적 역할, 장르, 범주, 가치의 형태에 따라 변화하는 조건에 대해 탐구하던 디지털 매체 예술가이자 뉴욕대학교 부교수 케빈 맥코이와 기술 및 뉴미디어 기반 사업의 창업자이자 CEO인 애닐 대시가 한 팀이었다. 일명 '자산화된 그래픽Monetized Graphics', 줄여서 '모네그래프Monegraph 프로젝트'2였다.

맥코이는 블록체인상에 자신의 (정확히는 역시 동료 디지털 아티스트인 아내 제니퍼의) 디지털 아트를 저장한 GIF 파일을 업로드해 소유권을 기록하고, 업로드한 파일의 진본성을 증명하기 위해 트위터 계정을 통해 이 사실을 포스팅했다. 작품의 판매가 완료되면 예술 창작자인 판매자로부터 구매자로 해당 작품에 대한 블록체인상의 소유권 정보가 이동해 구매자가 작품 GIF 파일의 새 소유권자로 기록되었다. 당시는 지금처럼 가상 화폐로 지불하는 대신 대시가 수중에 있던 실물 화폐 4달러를 맥코이에게 건넸다. 블록체인 기술을 이용해 디지털 아트의 원본성과 소유권을 증명할 수 있도록 한 첫 작품 거래, 현재 NFT 마켓플레이스의 콘셉트가 된 일종의 프로토타입의 탄생이었다.

"NFT 디지털 아트, 6,930만 달러에 낙찰 신기록을 세우다."

NFT, 처음 만나는 세계

7년 후인 2021년 3월 11일, 한 예술 작품의 경매 소식에 전세계 예술계가 술렁였다. 비플이라는 예명으로 활동하는 마이크 윈켈만Mike Winkelmann은 2007년부터 13여 년 동안 매일 작업하거나 수집한 5천 개의 디지털 이미지들을 콜라주 방식으로 재구성한 뒤 NFT로 발행했다. 〈매일: 첫 5,000일〉이라는 제목의 작품이 출품된 곳은 전 세계 예술품과 수집품 경매의 80% 이상을 차지하는 양대 경매 회사 중 하나로, 전통적인 아트 마켓을 상징하던 크리스티 뉴욕이었다. 최근 예술 환경의 변화를 인지하고 예술과 기술의 협업에 관심을 가져 온 크리스티 옥션 하우스가 곧 확전될 'NFT 마켓 전쟁'에서 먼저 포문을 연 것이다. 경매는 뉴욕 5번가가 아닌 한 온라인 플랫폼에서 이루어졌다.

　　2월 25일부터 3월 11일까지 15일간 총 353건의 입찰이 있었다. 100달러에 입찰이 개시된 후 8분 만에 100만 달러로 껑충 뛰었고, 경매 종료 한 시간 전까지는 약 1,400만 달러 선에 머무르는 듯했다. 그런데 종료 10분을 남기고 숨 막히는 입찰 경쟁이 벌어졌다. 호가가 5백만 달러, 1천만 달러 단위로 뛰더니 순식간에 6,930만 달러(한화 약 870억 원)까지 치솟았다.

　　같은 시간, 트위터와 함께 NFT 확산의 일등 공신이라 할 새로운 오디오 챗 소셜 네트워크 서비스인 클럽하우스Clubhouse에서는 비플과 NFT 미술 옹호자들이 모여 '비플 경매 클로징 파티'를 열고 있었다. (클럽하우스나 이후 출시된 유사한 서비스인 트위터 스페이스 등에서는 지금도 신작을 플랫폼에 리스팅한 것을 축하하고 홍보하는 '제네시스 드랍 파티 Genesis drop party'나 작품이 고가에 낙찰된 것을 축하하는 '경매 클로징 파티' 등이 열린다.) 최종 낙찰가가 결정되자 비플 자신은 물론이고 경매 회사, 그리고 경매를 지켜보던 모두가 놀라움을 감추지 못했다. 특히 NFT 미술에 무관심하거나 냉소적이던 기존 예술계는 충격에 빠진 듯했다. 나는 클럽하우스의 '비플 경매 클로징 파티' 오디오 챗 방에 청중으로 참여하여 비플 작품 입찰 종료 마지막 30분을 함께 지켜보았다. 비플이 본인의 트위터 계정에 계속해서 올리는 흥분의 말들(정확히는 비속어와 놀라움을 표현하는 욕설들)을 구경하며 'NFT 미술' 시대의 서막이 열리는 현장을 실시간 체험하는 것이야말로 롤러코스터를 타고 내려오는 듯한 스릴 그 자체였다.

이 경매는 그 시작부터 '사건'이었다. 보수적이고 전통적인 예술 시장을 상징하던 뉴욕의 대형 경매 회사에서 회화나 조각 같은 실물 예술이 아닌 비물질 매체 기반 NFT를 출품했다는 점, 실물 화폐가 아닌 가상 화폐(이더리움)로 경매가 이루어졌다는 점, 무엇보다 도무지 이해하기 어려운, 구체적으로는 인터넷상에 떠돌 법한 이미지 조각들을 이어 붙인 것에 불과해 보이는 이 '작품'이 치열한 입찰 경쟁 끝에 제프 쿤스, 데이비드 호크니에 이어 생존 작가 작품 중 가장 높은 낙찰가 3위를 차지했다는 점 등에서 그렇다.[3] (이 기록은 2021년 12월 니프티 게이트웨이에서 작품이 판매된 팍^{PAK}에 의해 깨졌다. 수량 제한 없이 구매 개수에 따라 NFT 의 질량이 달라지는 '매스^{Mass}' 방식으로 1,010개의 매스로 구성된 〈머지 ^{Merge}〉가 약 9,180만 달러(한화 약 1,183억 원)의 가격에 거래되었다.)

도대체 NFT가 무엇이고, 그 이름도 생소한 비플 작품의 예술적 가치는 무엇이며, 저 낙찰가의 근거는 무엇일까? 흔하디흔한 디지털 이미지들, 게다가 대부분 타인이 만든 GIF 파일들을 이어 붙인 것에 불과하지 않은가. 굳이 예술적 의미 또는 미학적 가치를 찾아낸다면 당대 인기 있거나 사실적 사건을 담고 있는 디지털 이미지나 밈^{meme}들을 13년 동안 수집하거나 만든 '시간성'에 게임이나 광고 등에서 차용한 미학을 조합했다고 이해할 수 있다.[4] 작품의 낙찰자인 메타코반^{Metakovan}(비네쉬 순다레산^{Vignesh Sundaresan})은 "이 작품의 가치는 고도의 기술에서 나오는 것이 아니라 예술가가 작품에 투사한 시간에 있다"고 했다.

이를 곧이곧대로 믿는 이는 없는 듯했다. 거액을 들여 요란하게 이 작품을 구매한 그의 속내는 다른 데 있었을 수도 있다. NFT 구매자들에게 이 작품이 가져다주는 매력은 13년간 창작하고 수집한 5천여 개 '이미지의 축적'이 마치 '자본의 축적'과 흡사하다는 점에 있었다. 7년여 간 블록체인 기반 가상 화폐 옹호자들은 자신들만의 생태계를 형성했다. 그들에게는 자신들의 가상 화폐 거래, 가상 금융을 뛰어넘어 새로운 형태의 가상 자산 또는 디지털 자산의 가능성을 타진하는 데 NFT 이상의 수단이 없었을 것이다. 가상 화폐에 투자한 후 가상 자산(예술 또는 컬렉터블 아이템)을 구매하면, 가상 화폐 투자에 예술의 가치까지 부가되어 복리의 자산을 축적할 수 있지 않은가. 비플의 작품은 자신들의 7년여를 상징적으로 보여 주는 '기호'였을지도 모른다. 비플이 경매 직후 작품 거래 대금으로 수령한 이더리움을 모두 실물 화폐로 환전했을 때 구매자인 메타코반이 아쉬움을 나타낸 것도 이 때문일 것이다.

NFT, 처음 만나는 세계

2. NFT 미술을 바라보는 상반된 태도

"국제 사기꾼과 범죄자들이다!"[5]

2021년 3월 11일에 비플의 NFT 작품 낙찰가 소식을 전해 들은, 세상에서 가장 비싼 작품가를 기록한 생존 작가 중 한 명인 데이비드 호크니는 NFT 미술이 코인으로 돈을 번 이들의 투기성 자본에 의해 만들어진 거품에 불과하다고 일갈했다. 비플의 작품에 대해서는 "그냥 한심한 작은 것들처럼 보였다. 무엇을 의미하는지 솔직히 이해하지 못하겠다"고 하고, NFT 미술에 대해서도 "전부 컴퓨터 안에 갇혀 있지 못하고, 결국 컴퓨터 안에서 사라지고 말 것이다"라고 폄하했다.[6] 이에 대해 비플은 자신의 트위터 계정을 통해 "컴퓨터로 한 작업(디지털 아트)이 마치 마법처럼 예술 작품으로 둔갑하기 위해서는 출력을 해야만 한다는 사실을 아무도 나에게 가르쳐 주지 않았네!"라고 맞받아쳤다. 호크니 역시 아이패드를 이용해 디지털 드로잉 작업을 하는 데 자신과의 유일한 차이점은 오프라인으로 '출력'했는지 여부라며 비꼰 것이다.

전통적 예술을 대변하는 호크니와 새로운 예술을 대변하는 비플의 공방은 NFT를 바라보는 양극단의 태도를 상징적으로 보여 주었다. 예술계 안팎에서는 NFT가 예술을 투기 자산화하는 것이라는 시각과 새로운 예술의 시작이자 해방이라는 시각으로 갈렸다. "비플이 이겼다. 우리가 잃어버린 것이 여기 있다!" 『뉴욕 타임스』 미술비평가 제이슨 파라고Jason Farago의 반응이었다.[7] 그는 비플의 작품은 인간의 가치에 대한 폭력적 삭제이며 추한 오락거리에 불과하다며 예술의 가치를 잃었다고 혹평했다. 미국의 예술사학자 데이비드 조슬릿David Joselit은 "NFT는 물질적 경험보다 재산을 중시하는 사회적 계약"이라고 평가했다.[8] 예술 그 자체보다는 예술의 자산화에서 출발한다는 관점이다. 이들은 '투기 세력'이 만들어 놓은 이 '거품'이 꺼지리라고 단언했다.

'모네그래프 프로젝트'가 바로 이 예술의 자산화를 시도한 것이 아니었던가. 물론 투자자들을 위한 자산화가 아니라 예술 창작자들의 '공정한 보상'을 위한 자산화였지만 말이다. 비플의 성공에 대해 비물질 매체 예술을 해 오던 예술 창작자, 장르 간 경계 없이 실험적 작업을 해 오던 예술 창작자들은 마치 해방구를 찾은 것처럼 들떠 있었다. 2021년 봄 클럽하우스에 모인 NFT 옹호자들은 "서부 개척 시대다", "신 르네상스", "예술과 예술가들을 해방할 것이다"라고 연신 외쳤다. 전통적 매체 예술가들은 예술은 실물화될 때 그 가치를 온전히 담아낼 수 있다고 믿는 데 비해 기술이나 뉴미디어를 기반으로 하는 예술 창작에 오랜 시간을 쏟아 온 디지털 매체 예술가들은 기다렸던 순간이 왔고, 그리고 드디어 올 것이 왔다는 반응이었다.

전통적 예술계의 조롱과 비아냥에도 불구하고 비플은 이후 경매 회사나 갤러리 등과 초대형 프로젝트를 성공시켰다. 2022년 베네치아 비엔날레 기간 중에는 한 이탈리아 미술관에서 프랜시스 베이컨, 줄리 메레투, 카데르 아티아 같은 현대 미술의 거장과 블루칩 작가들과 어깨를 나란히 하며 전통적 예술 시장으로까지 성공적으로 침투했다. 모바일에서나 볼 수 있던 '작고 한심한 것들'을 만들던 비플이지만 결국 "비플이 이겼다!"는 것은 분명해 보인다.

3. NFT는 아트 마켓의
게임 체인저인가

예술 현장도 예술로서의 NFT에 대해 미학의 결여, 큐레이션의 부재, 예술적 가치보다 자산적 가치에 편중하는 것 등을 비판하는 이들이 있는가 하면, 빠르게 NFT 파도에 올라타 NFT에 적합한 새로운 아티스트를 발굴하거나 기존의 작품을 NFT화하는 등 다양한 프로젝트를 적극적으로 추진하는 측으로 갈렸다. 글로벌 아트 마켓에서 영향력을 행사하는 뉴욕의 양대 메가 갤러리의 태도 역시 상반됐다.9

페이스 갤러리Pace Gallery가 슈퍼블루SuperBlue를 론칭하면서 기술 기반 디지털 매체 예술과 실험적 예술에 지속적인 관심을 가져온 데 비해 가고시안 갤러리Gagosian Gallery는 가장 전통적인 아트 마켓의 문법에 따르는 예술을 전문적으로 취급해 왔다. 2021년 7월 자체 NFT 플랫폼 또한 성공적으로 론칭한 페이스 갤러리의 대표 마크 글림처Marc Glimcher는 "NFT는 시간과 관심을 투자할 가치가 있다"고 한 데 비해, 가고시안 갤러리 대표 래리 가고시안Larry Gagosian은 "NFT에 대해 잘 알지 못하며 현재로는 시작할 생각이 없다"고 했다.[10]

평가나 예측은 갈리지만 '비플 효과'는 여전히 지속되고 있다. 기술 기반 예술에 대해 세미나와 교육 프로그램 등을 운영하면서 정성을 기울여 온 크리스티가 NFT 아트 경매에 성공하자, 경쟁사인 소더비는 NFT 커뮤니티의 또 다른 스타 팍PAK을, 필립스는 매드 독 존스Mad Dog Johns를 내세웠다. 전통적인 아트 마켓에는 알려지지 않았을뿐더러 관심 대상이 되지도 못하던 예술 창작자들이었다. (NFT나 디지털 아트 분야에서는 이미 슈퍼스타들이었지만 말이다.)

2021년 5월에는 크리스티에서 예술이라기보다는 컬렉터블(수집 아이템)로 보이는 9개의 크립토펑크로 구성된 NFT 컬렉션이 1,690만 달러(한화 약 214억 원)에 거래됐고, 이어 6월엔 소더비에서 단일 크립토펑크 희귀 아이템('레어템')인 #7523이 1,180만 달러(한화 약 149억 원)에 낙찰됐다. '저 조그마한 픽셀 이미지 쪼가리가 대체 왜?' 보수적인 '아트 피플'들의 머릿속에는 물음표가 가득했다. 다만, 알고리즘을 통해 무작위로 생성되는 제너러티브 아트 방식의 크립토펑크나 BAYC 등 일종의 금융 투자 계약에 가까운 PFP 프로젝트Profile Picture NFT Project는 기존의 시각 예술과는 그 성질이 전혀 다르므로 이 글에서 다루는 NFT 미술과는 방향이 다소 다르다는 점을 미리 일러둔다. (PFP는 트위터 등 소셜 미디어에서 사용하는 프로필 이미지라는 뜻으로, 각 NFT 프로젝트 커뮤니티의 상징이기도 하다.)

NFT를 이해하고 오해하는 혼란의 과정 속에 전통적 매체를 다뤄 온 시각 예술가들조차 자신의 작품 또는 작품의 창작 과정을 어떻게 NFT에 적합하게 생산할 수 있을지 고민하기 시작했다. 'NFT 커뮤니티' 출신이 아닌, 전통적인 아트 마켓의 슈퍼스타 데미언 허스트와 무라카미 다카시가 실물 작품을 NFT화하여 발행했다. 이들이 단발성 이벤트에 그쳤다면 가고시안 갤러리 전속 작가인 우르스 피셔Urs Fischer는 온라인 기반 경매 회사 '페어 워닝Fair Warning', NFT 플랫폼인 메이커스플레이스를 통해 갈색 달걀과 라이터를 3D로 스캐닝한 디지털 애니메이션 조형물 〈CHAOS #1 Human〉을 NFT로 발행하면서 앞으로 NFT 시리즈를 계속할 것이라고 선언했다. 그것도 전속 갤러리인 가고시안이 아닌 경쟁사 페이스 갤러리와 함께 말이다. (페이스 갤러리는 2021년 4월 5일 홈페이지를 통해 우르스 피셔와 NFT 시리즈를 론칭한다고 공개하고, 이후 계속해서 NFT 신작들을 공개하고 있다.) 갤러리와 전속 계약을 맺은 경우 예술가들은 전속 갤러리와 독점적인 관계로 전시하고 판매 수익을 나누는 것을 원칙으로 한다. 다만 일부 블루칩 작가들은 전속 계약 외에 개별 사이드 프로젝트 참여 가능성을 열어 두기도 한다.

NFT 마켓은 잠시 주춤하는 듯 보이더니 다시 회복한 후

2021년 6월 기준 전년 대비 매출이 250배 증가하고, 2021년 3분기 매출은 총 107억 달러(한화 약 13조 원)로 전 분기 대비 8배 증가했다.[11] 국내외에서 신규 창작자와 컬렉터, '투자자' 등이 NFT 시장으로 뛰어들기 시작하면서 보수적인 전통 아트 마켓조차도 더 이상 무시하기 어려울 정도로 성장하고 있다. 크립토의 성지가 된 마이애미에서 2021년 12월에 열린 아트 바젤 마이애미에서는 모든 페어 장에 NFT 부스가 마련됐고, 연일 NFT 세미나와 파티가 열렸다. 오픈씨, 슈퍼레어, 파운데이션 등의 뒤를 이은 후발 주자들이 국내외에서 새로운 플랫폼을 앞다투어 론칭 중이다. 갤러리들 중 선구적 입장을 취하고 있는 페이스 갤러리는 베르소verso라는 자체 NFT 플랫폼을 론칭하여 여러 디지털 매체 예술을 선보이고 있다. 최근에는 제프 쿤스와 NFT 프로젝트를 진행하며 본격적으로 시각 예술 분야에서 NFT의 가능성을 확장 중이다.

플랫폼 형태도 메타버스와 함께 다변·다양화되고 있다. 메타 플랫폼(구 페이스북)은 시각 예술가와 미술 애호가 들이 많이 이용하는 자사의 소셜 미디어 인스타그램에서 NFT 사업을 시도할 계획을 발표했다. NFT 플랫폼과 작가 스스로를 입증하고 홍보하기 위해 소셜 미디어를 오갈 필요 없이 소셜 미디어에서 곧바로 작가가 스스로 NFT를 판매하고, 구매자들도 직거래할 수 있으니 NFT 미술 거래에 그야말로 제격이지 않은가. 그렇기에 "200년 가까이 지속되어 온 현재의 아트 마켓 구조가 변화를 맞이할 것인가? NFT가 아트 마켓 변화를 주도할 것인가?"라는 질문들에 대한 답을 찾는 데 열중하고 있다.

4. 대체 불가능한 예술,
   대체 불가능한 토큰

  2021년 3월이었다. 마치 약속이나 한 듯 대한민국 예술계 안팎에서도 NFT, 크립토, 이더리움 같은 예술 현장에서 어울릴 법하지 않은, 지금이야 익숙하지만 당시만 해도 낯선 용어들이 범람했다. 불과 얼마 전까지만 해도 찾기 어려웠던 NFT 관련 한국어 뉴스가 쏟아지기 시작했고, 각자의 자리에서 NFT의 본질과 예술사적 의미를 찾고 있었다.

  NFT와 예술의 관계를 이해하기 위해서는 먼저 기술적 이해가 필요하다. NFT를 한 줄로 설명하자면, 블록체인 암호화 기술을 이용해 디지털 파일에 고유의 식별 정보를 부여함으로써 디지털 자산화하는 데 활용하는 것이다. NFT를 우리말로 바꾸면 '대체 불가능한 토큰'이다. 토큰은 무엇이며 무엇을 대체 불가능하게 한다는 것일까?

  우선, '토큰Token'은 공개적으로, 시간 순으로, 분산되어 기록되는, 굳이 비유하자면 '디지털 장부'라 할 수 있는 블록체인에 저장된 특정 디지털 자산digital asset을 뜻한다. 비물질인 디지털 파일에 고유 값을 지정해 영구적으로 기록되고 삭제나 변경이 불가능하도록 저장함으로써 지속할 수 있는 가치를 부여하는 것이다.

이해를 돕기 위해 현재 방식의 NFT화 과정을 잠깐 살펴보자. 디지털 파일을 NFT화하는 것을 '민팅minting'이라고 부르는데 NFT로 주조 또는 발행한다는 뜻이다. 이때 창작자는 해당 디지털 파일을 업로드하고 작품명, 작품 설명, 에디션 수, 가격 등 거래 조건, 미디어 링크 등의 정보를 입력한 후 '가스비gas fee'라 불리는 수수료를 코인으로 지불함으로써 작품을 '리스팅'한다. 이렇게 NFT화한 디지털 파일은 블록체인이라는 일종의 디지털 장부에 디지털 자산으로 기록되고 마켓플레이스에서 거래가 가능하다. 민팅을 하는 창작자가 경매 방식 또는 지정가 등을 정하고 구매자가 나타나면 즉시 거래가 이루어진다. 거래 기록은 수정이나 삭제가 불가능한 블록체인상에 시간 순서로 기록된다. (이때 지금의 예술 창작자들 또한 여전히 '모네그래프 프로젝트'에서 맥코이가 했던 방식으로 자신의 트위터 계정 등을 통해 작품의 민팅 소식을 포스팅함으로써 진본성을 공표, 증명하고 있다는 점이 흥미롭다. 뒤에서 다루겠지만 작품 홍보 목적과 함께 인터넷 기반 플랫폼의 불안정성으로 인한 NFT 링크의 유실, 분실, 해킹 등에 대한 염려 때문이다. 여기에는 저작권 분쟁 예방 목적도 있다.)

여기서 비물질 디지털 자산의 거래를 가능케 한 이 기술의 속성이 바로 '대체 불가능성'이다. 화폐를 예로 들어 보자. 1달러의 화폐는 모두 같은 형태, 같은 교환 가치를 갖고 있어 각 단위를 상호 대체할 수 있다. 비트코인과 같은 암호 화폐 역시 그 숫자의 단위별로 얼마든지 동등 교환이나 분할이 가능하다. 그에 비해 NFT 기술은 각 토큰에 고유 값을 부여함으로써 대체가 불가능하게 만든다. 1달러나 1비트코인이 각각 동등한 값을 갖는 데 비해 각 토큰마다 대체할 수 없는 고유의 가치가 저장되는 것이다.

'대체 불가능성'이 가장 핵심인 산업 분야가 어디인가? 문화예술 산업이다. 레오나르도 다 빈치의 〈살바토르 문디Salvator Mundi〉가 약 5천억 원에 팔린 이유는 여러 가지가 있겠지만, 다빈치가 그린 〈살바토르 문디〉는 전 세계에서 역사를 통틀어 단한 점뿐이기 때문이다. 예술 작품의 가치를 판단하는 여러 기준 중에 중요한 본질적 특성은 바로 이 '대체 불가능한' 유일성, 희소성, 고유성, 즉 '오리지널리티'다. NFT 역시 이러한 예술의 가치를 증명할 수 있는 '대체 불가능 속성'을 지녔다. 예술과 NFT, 최고의 조합이다.

토큰 하나하나가 개별적 고유 값을 갖고 있어서 상호 대체가 불가능하기 때문에 그 어떤 디지털 자산도 (적어도 이론상으로는) 그 원본성, 진본성, 유일성을 증명할 수 있고, 반복적인 거래가 이루어져도 소장 이력(구매 이력)을 증명할 수 있다. 따라서 디지털 매체 예술 또는 디지털화된 예술을 그 본질적 속성을 유지한 채 기록하고 거래할 수 있게 하는 확실한 원본 증명서 또는 소유권 증명서 역할을 할 수 있다. 예술에 있어 본질적 가치인 원본성 또는 진본성에 대한 증명verification과 예술 시장에서 해당 작품의 소장 이력provenance을 증명할 수 있다. 진본성이란 특정 예술 작품을 실제 창작한 특정 예술가에게 귀속시키는 것을 말한다. 실물 작품을 디지털 이미지로 토큰화한 후 진품 증명서로 기록하는 데에도 활용이 가능하다.

요컨대 NFT는 삭제나 수정, 따라서 위·변조가 불가능한 블록체인상에 디지털 파일을 대체 불가능한 고유 값으로 저장함으로써 특정 디지털 자산으로 기록하는 것이다. 구체적으로는 그림, 영상, 음악과 같은 디지털 파일에 대체가 불가능한 고유한 식별 정보를 부여함으로써 해당 디지털 파일의 속성에 대한 정보를 담은 메타데이터와 연결할 수 있도록 한다. 그래서 "아트가 아니라 아트를 지칭하는 링크에 불과하다"는 호크니의 주장이 틀리지 않다. 개념상 디지털 파일을 블록체인에 저장해 검증 가능한 자산화를 한다는 것이지만 정확히는 디지털 파일이 아니라 파일과 연결이 가능한 링크를 저장하는 것이다. 콘텐츠가 담긴 파일을 블록체인에 저장하기 위해서는 많은 가스비가 발생하기 때문에 현재 시스템상으로는 대부분 아마존 웹 서비스^{AWS} 같은 클라우드 서비스, 특정 회사 서버 같은 중앙화된 저장소, 탈중앙화 분산형 저장 파일 시스템인 IPFS^{Inter Planetary File System} 같은 오프체인에 저장한 후 그 링크를 블록체인상에 저장하고 있다.

5. 기표와 기의: NFT의 구성 요소는 '계약'과 그 계약이 '지칭하는 것'

다음으로 NFT를 이해하는 데 있어 가장 중요한 개념은 '스마트 계약'이다. 현재 대부분의 NFT는 이더리움 블록체인상에서 발행되며 ERC721을 표준 인터페이스로 한다. (최근에는 가스비 부담이나 체인의 다양화를 위해 이를 우회하거나 전혀 다른 체인을 이용하기도 한다.) 이 이더리움 네트워크에서 토큰을 네트워크로 보내거나 이더리움을 다른 곳으로 보내는 것을 '트랜잭션'이라고 하고 디지털 파일을 NFT화하는 것은 이러한 트랜잭션의 하나다. 블록체인에서 실행되는 프로그램 코드로 특정 조건이 만족됐을 때 자동으로 거래가 성립되는데, 이 거래의 성립 및 검증 과정을 이행하는 스크립트를 '스마트 계약'이라고 부른다. '계약'이라는 용어를 사용하지만 법률적 의미의 계약이라기보다는 실행 명령 또는 실행 프로그램에 해당한다.

'스마트 계약'이 바로 NFT의 본질이다. NFT, 그 자체가 바로 '계약'이다. NFT 미술은 '계약'과 그 계약이 '지칭하는 것'으로 구성되어 있다. 계약이 지칭하는 것은 텍스트, 음원, 영상 등 무엇이든 될 수 있지만 시각 예술로 치자면 하나의 이미지 또는 영상물이다. 이 이미지 또는 영상물은 한 창작자의 생각이나 아이디어나 감정을 시각화하여 표현한 것이다. 이렇게 시각화된 이미지는 계약을 통해 어떤 이미지의 메타데이터로 코딩된다. 코드가 이미지를 '규정' 또는 '정의'하게 되는 것이다. 코드로 규정된 이미지의 효용성은 바로 비물질을 소유하고, 그 권리를 주장할 수 있다는 데 있다.

디지털 매체 예술은 본질적으로 소유할 수 없다. 고가에 거래되는 크립토펑크나 크립토키티는 인터넷상에 검색만 하면 얼마든지 찾아낼 수 있고 이미지를 내려받아 개인이 소유할 수 있다. 디지털 매체 예술은 인터넷상에 떠도는 '밈'들처럼 어디에나 있고, 누구나 소유할 수 있다. 그러나 NFT는 이러한 디지털 매체 예술의 한계를 극복한다. 어디에나 있고, 누구나 소유할 수 있지만 예술의 속성처럼 원본은 단 하나뿐이고, 원본의 소유자는 단 한 사람뿐이라는 원본성, 희소성, 배타적이고 독점적인 소유권에 대한 욕망을 모두 충족시키는 아이디어를 실현할 수 있게 한다.

블록체인 기술과 함께 물질과 비물질의 관계는 일대 전환점을 맞게 되었다. 닷컴 시대 이후 세상의 변화는 물질과 비물질의 경계를 허물기 시작하고, 서서히 광의의 메타버스 시대로 전환했다. 인터넷과 모바일을 기반으로 한 구독 경제, 공유 경제, 소셜 미디어는 '소유'의 개념을 재정의했다. 소유하지 않고도 얼마든지 음악이나 영상 콘텐츠를 볼 수 있고, 앱 하나만 내려받으면 스마트폰으로 거액의 금융 거래도 할 수 있다. 구글에서 검색한 이미지는 누구나 공유하고 이용할 수 있다. (저작권 등 지식재산권은 일단 논외로 한다.)

여기서 NFT는 다시 한 번 통념을 전복한다. NFT 기술은 '공유'와 '소유'를 동시에 가능케 한다. 무한 복제, 무한 재생산, 무한 유통할 수 있는 디지털 매체에도 NFT로 특정 개인에게 배타적이고 독점적인 소유권을 부여하게 했지만, 그 NFT에 연결된 이미지는 여전히 플랫폼에서, 웹상에서 불특정 다수에 의해 향유가 가능하다. 그렇다면 의문이 남는다. 구글에서 검색만 하면 뜨는 이미지를 독점적으로 소유하는 게 무슨 의미가 있을까.

발터 벤야민은 기술 복제가 예술 작품을 해방시킨다고 했다.[12] 존 버거도 원본의 '아우라'가 일부 상실된 것은 맞지만 이런 현상이 반드시 나쁘다고 말할 수는 없다고 했다.[13] 이미지의 대량 생산은 이미지의 대중화에 기여한다.[14] 예술에 대한 독점적 소유욕은 과거처럼 나만 볼 수 있고 아무도 볼 수 없는 무언가가 아니라 누구나 볼 수 있고 누구나 갖고 싶어 하는 무언가를 내가 독점하고 있다는 데에 있다.

1913년 마르셀 뒤샹은 〈부러진 팔에 앞서서In Advance of the Bro-

ken Arm〉라는 작품을 통해 삽을 예술로 전유함으로써 삽의 객관
성을 해체하면서 레디메이드Ready-made라는 개념을 창안했다. 작
품(삽)을 구성하는 나무와 쇠는 아포리아(해결의 방도를 찾을 수 없
는 난관)를 통해 두 가지 모순된 범주, 일상의 사물과 예술 작품
사이에 놓임으로써 물질이 비물질화되었다.

그런데 NFT는 비물질 디지털 이미지에 불과하던 비플의 이
미지들을 다시 개념적으로 물질화함으로써 사적 소유, 그러니
까 단순 소장이 아닌 배타적 소유권 귀속을 가능케 했다. 사적

마르셀 뒤샹, 〈부러진 팔에 앞서서〉,
1915/1964, 나무와 아연 철판

소유가 가능하지만 그렇다고 공유가 불가능하지도 않다. 구글 검색창에 비플을 검색하기만 하면 여전히 누구나 비플의 작품 이미지, 그리고 그 작품을 구성하는 이미지마저 개인 컴퓨터나 모바일에 내려받을 수 있지 않은가. NFT는 '스마트 계약'을 통해 '계약이 지칭하는 것'으로 예술을 재정의함으로써 지난 100여 년간 시도되어 온 물질의 비물질화, 소유에서 공유로의 개념을 전복시킨 것 같다. 어쩌면 NFT는 개념 예술의 종말일 수도 있고, 논리적 귀결일 수도 있다.

NFT, 처음 만나는 세계

6. NFT, 개념 예술의 종말 또는 논리적 귀결

　뒤샹과 뒤이은 개념 예술가들은 물질로서의 예술을 전복했다. 앤디 워홀이 '팩토리Factory'라 칭하던 자신의 스튜디오에서 대량 생산 기술을 사용하면서 진품 원본과 모조품을 구별하기가 훨씬 더 어려워졌고, 저작자성authorship조차 혼란스러워졌다. 파일 형태로 담긴 일련의 비트bit는 어떻게 소유해야 하고 권리를 귀속시켜야 할까? 순수한 디지털 형태의 예술에서는 작품을 '소유'한다는 의미가 더욱 복잡해진다. 전복을 시도하고 새로운 실험을 하는 예술가들이 해결해야 할 과제는 유통 과정에서 '진본성', '저작자성', '소유'의 입증이었다.

　NFT라는 기술의 속성과 예술의 속성이 잘 맞춰진 퍼즐처럼 결합하면서 새로운 '증명 방식'이 나오자 이들 예술 창작자들에게는 기다렸던 신세계의 문이 열린 것 같았고, 마지막 퍼즐을 푼 것 같았다. 전통적 매체의 예술 대신 디지털과 다양한 소프트웨어를 다룰 줄 아는 혁신적이고 새로운 장르의 예술가들은 이미 다양한 방식의 작품을 생산해 내고 있었다. 그런데 디지털 매체 예술은 태생적 한계가 있었다. 인터넷망을 통해 세상의 모든 컴퓨터들은 상호 연결되어 있었고, 디지털화된 예술은 저작자의 의사와 상관없이, 즉시, 완벽하게 복제되어 인터넷상을 떠돌 수 있다. 심지어 이용자가 멋대로 변형, 가공하여 원작자성을 훼손할 수도 있다. 희소성, 고유성, 원본성 등에서 가치를 찾는 예술에서 통제할 수 없는, 무제한의 복제와 붙여 넣기는 어떤 면에서는 예술 파괴 행위와 마찬가지였다.

2014년 '모네그래프 프로젝트' 당시에는 블로그를 소셜 미디어처럼 리블로깅할 수 있는 '텀블러Tumblr' 문화가 유행이었다. 사람들은 출처 표기나 저작자에 대한 보상 없이 심지어 작품의 맥락이나 작가의 의도를 사상한 채 타인의 이미지나 영상물을 텀블러에 올리고 리블로깅(제3자가 다시 퍼가기)했다. 긍정적 측면에서는 예술을 홍보하는 수단으로 활용될 수도 있겠지만 어느 순간 무수히 복제되고 유통되는 과정에서 저작자가 아예 사라지기도 하고, 무엇보다 이러한 유통으로 마켓에서 금전적 또는 자산적 가치가 제거되면서 거래의 대상이 되기는 어려웠다. 누구나 쉽게 내려받기할 수 있다면 구매할 이유가 없다. 게다가, 그럼에도 불구하고 구매를 희망하는 이들 입장에서도 원본성과 소유권을 증명할 수 없다면 상응하는 대가를 지불하기 꺼려지는 것은 당연하다.

NFT, 처음 만나는 세계

디지털 아티스트들은 어떻게든 한계를 극복하고 아트 마켓에서 거래가 이루어질 수 있도록 하기 위해 여러 방법을 고안하고 시도했다. 크게는 디지털 매체를 물리적 매체에 고정시키는 방법, 즉 모니터 등에 디스플레이해서 거래하는 방법, 개념 예술처럼 서류(계약)를 통해 '리미티드 에디션'을 만들어 거래하는 방법 등이다. 네덜란드 예술가 라파엘 로젠달Rafaël Rozendaal은 2013년 말 ⟨If No Yes⟩라는 디지털 매체 예술을 판매할 때 인터넷 도메인 'https://ifnoyes.com'을 개설해 진본성을 증명하는 수단으로 활용했다. 컴퓨터 공학을 전공한 아르헨티나 작가 마뉴엘 아라오즈Manuel Araoz는 자신의 디지털 매체 예술을 증명하기 위해 모든 작품을 기록하는 웹사이트 '존재 증명Proof of Existence'15을 만들었는데, 블록체인 기술을 이용해 데이터를 외부에 노출시키지 않으면서 소유권자를 표시하는 방법이었다. 네온몹NeonMob16이라는 기술 기반 스타트업은 디지털 아트의 소유권을 기록하고 증명할 수 있도록 하는 서비스를 개발하기도 했다. 그러나 여전히 근본적인 문제를 해결하지는 못했다.

맥코이와 대시가 '모네그래프 프로젝트'를 착안한 이유도 이에 대한 대안을 마련해 보자는 데서 시작되었다.17 맥코이는 "대부분의 디지털 매체 예술은 무가치하게 여겨진다"고 전제했다. 디지털 매체 예술은 그 소유권과 원본성을 증명하는 것이 불가능하므로 가치도 인정받지 못한다는 것이다. 맥코이와 대시는 당시 막 태동한 블록체인 기술을 기반으로 한, 삭제나 수정이 불가능한 디지털 장부 개념이 예술가의 창작물을 보호할 수 있을 것이라는 아이디어를 떠올렸다. 블록체인상에 '원본'의 '소유권'을 기록함으로써 예술의 가치를 지킬 수 있다는 개념이었다. 대시는 블록체인 기술을 통해 가상 화폐 비트코인의 거래가 가능하도록 했던 방법을 차용했다. 디지털 자산을 탈중앙화된 온라인 공간에서 거래하고 그 거래 기록을 추적할 수 있도록 하는 방법 말이다.

이를 예술에 접목시켜야겠다는 아이디어는 컴퓨터 프로그래머 폴 포드Paul Ford가 2014년 2월 『MIT 테크놀로지 리뷰MIT Technology Review』에 기고한 글에서 나왔다. 포드는 블록체인 기술의 가상 화폐 외의 활용에 대해 쓴 글에서 비즈니스 컨설팅 회사 파트너이자 디지털 금융 분석가인 래리 스미스Larry Smith의 제안을 인용했는데 "복제가 불가능한 디지털 아이템을 생각해 보라"는 것이었다.[18] 디지털 이미지에 코인의 고유 값을 코딩하면 이제 이는 고유한 디지털 개체가 될 것이고, 무제한 복제 및 공유가 저작권자의 골칫거리가 된 인터넷상에서 영구적으로 식별됨으로써 분명한 금전적 가치가 부여될 것이라는 점으로 정확히 지금의 NFT 개념과 맞아떨어진다.

이 아이디어를 시각 예술에 접목하는 시도를 한 것은 맥코이와 대시만은 아니었다. 2014년과 2021년 사이에도 뉴욕을 중심으로 한 아티스트 커뮤니티와 가상 화폐 투자자, 그리고 블록체인 기술 기반 창업자들은 이 새로운 기술을 어떻게 활용할 것인가 고민하고 실험했다. 2014년 7월 프랑스 아티스트 율Youl은 〈마지막 비트코인 만찬The Last Bitcoin Supper: 프랑스 아티스트 율의 거대한, 오리지널 대작〉이라는, 레오나르도 다 빈치의 〈최후의 만찬〉을 재해석한 '비트코인 작품'을 만들어 온라인 경매 회사 이베이 웹사이트를 통해 비트코인으로 거래했다.[19] 일명 '프로젝트 비트코인', 실물 화폐가 아닌 가상 화폐를 통한 거래, 온라인 직거래 등 현재 NFT 마켓플레이스의 거래 방식을 닮아 있는 예술가적 시도였다. 원작 속 예수의 형상은 QR 코드와 함께 비트코인 블록체인이 현화한 인간의 모습을 하고 있고, 예수를 배신한 유다는 은행가로 묘사됐다. 율은 "예수가 세상을 변화시킨 메시아지만 당대에는 미움을 받았듯 비트코인(블록체인) 역시 세상을 바꿀 만한 가능성을 지닌 동시에 오해를 사고 있는 기술이라 생각한다"고 했다. 이 작품은 경매 출품 전에는 별다른 관심을 받지 못했지만 58명이 입찰에 참여해 4.64BTC(2,900달러 상당의 비트코인)에 낙찰됐다. 암호 화폐를 통한 첫 미술품 경매였다.

2017년 12월 중순, 한 블록체인 예술 전문 갤러리에서는 "리처드 프린스Richard Prince의 〈레디메이드 토큰Ready-Made Token-RMT〉이라는 '작품'이 암호 화폐인 ERC20 이더리움 토큰(코인)으로 경매에 나온다"는 공지가 올라왔다.[20] (뒷상처럼) 암호 화폐를 가치 교환 수단이 아닌 예술 작품이라 명명함으로써 암호 화폐의 지위를 전복하고자 하는 '다다이즘 프로젝트'라고 했다. 돈이란 무엇인가에 대한 질문을 던지며 돈과 예술 시장과의 관계를 조명했다는 것이다. 이 경매의 흥행 요소였던 '리처드 프린스'는 우리가 아는 블루칩 작가 리처드 프린스가 아니라 올리비에 사루이Olivier Sarrouy라는 프랑스 작가였다. 그는 '사칭' 논란 과정에서 실제로 자신도 '리처드 프린스'라는 소셜 미디어 계정명이자 다른 이름을 가지고 있으니 사기가 아니라고 했다. 리처드 프린스라는 '이름'을 들으면 유명 개념 예술가인 리처드 프린스의 '정체성'으로 연결 지을 것이라는 점을 이용한 동음이의(동명이인) 장난이었다.[21] 흥미로운 것은 한바탕 소동 끝에 이 작품이 '진짜' 리처드 프린스의 것이 아니라는 사실이 밝혀지기 전까지는 사람들이 이 프로젝트를 대단하게 생각했다는 것이다. 작가는 현대 예술 시장에서 예술 작품의 가치가 작가의 이름과 서명에 따라 평가된다는 사실을 알리고 싶었는지도 모른다.[22]

가상 화폐 거래가 붐을 이루던 2017년에는 가상 화폐로 돈을 번 젊은 투자자들이 이를 실물 자산으로 교환하기도 했지만 (전통적 미술 시장도 덕을 봤다) 새로운 투자처를 찾기도 했다. 동시에 가상 화폐 관계자들은 가상 화폐가 실물 자산으로 흘러가는 것을 막기 위해 블록체인 내에 새로운 생태계를 만들기를 희망했다. 이때 지금은 고가에 거래되는 수집품이자 현재 PFP 프로젝트라 명명되는 증권성 투자 계약 형태 토큰의 효시라 할 수 있는 크립토키티와 크립토펑크 시리즈가 동시에 탄생했다.

7. 프로잰스키 계약에서
스마트 계약으로

동시대 예술가들이 해결하고자 했던 또 다른 과제는 예술의 유통 과정에서 배제되거나 소외되지 않는 것이었다. 1971년 뉴욕의 개념 미술 큐레이터 세스 시걸럽Seth Siegelaub과 뉴욕의 예술법 변호사 로버트 프로잰스키Robert Projansky는 '양도 및 판매에 관한 예술가의 유보된 권리에 대한 계약'을 제안했다.23 일명 '프로잰스키 계약'이라 불리는 이 계약 서식은 때로는 은밀하고 불투명한 예술의 유통 과정에서 예술의 주인인 창작자가 배제되고 소외되는 데 대한 문제 제기이자 예술가의 권리 주장이었다. 핵심은 저작 인격권과 재판매권이었다.

한 번 팔린 예술 작품의 가치는 예술가의 후속 작품에 영향을 받으며, 수요와 공급의 원리에 따라 시간이 지나면서 상승하기 마련이다. 따라서 예술가는 이 가치 상승분에 대한 권리를 보장받아야 한다는 것이다. 또한, 소장자가 예술 작품을 함부로 변형하고 훼손하지 않고 원본성, 원작자성을 유지할 수 있도록

NFT, 처음 만나는 세계

하는 것도 중요했다. 이 계약의 핵심 내용은 소유권을 구매자에게 양도하더라도 이 해당 작품이 재판매될 때마다 가치 상승분의 15％를 예술가에게 분배하고, 예술 작품의 동일성을 유지하는 등 저작 인격권을 존중하자는 것이다. 물론 개인의 자유로운 의사에 따라 자기 책임 하에 규율하는 근대사법의 기본 원칙, 사적 자치에 의한 계약을 강제할 수 없다는 한계로 선언적 제안에 불과했다.

그런데 40년 후 NFT '스마트 계약'이라는 실행 프로그램은 디지털 매체 예술에 대한 고유성 입증 외에 예술 시장에 놀라운 혁신을 가져왔다. '코드'로 예술을 규정하고, '스마트 계약'(여기서는 법률적 개념의 계약을 말한다)으로 예술가가 스스로 정한 조건에서 예술을 유통할 수 있게 한 것이다. (아직까지는 거래 금액, 재판매 로열티 등의 기본 거래 조건만 코딩되어 있는 지극히 단순한 형태이지만 이론상으로는 다양한 조건을 코딩할 수 있다.) 갤러리나 아트 딜러와 같은 중간 거래자의 역할이나 도움 없이, 그리고 계약서나 인보이스와 같은 서류나 계약의 체결 절차 없이도 간단히 거래가 가능하게 됨으로써 판매자인 예술 창작자와 구매자 사이에 직거래가 가능해졌다. 판매자가 제시한 가격 조건을 구매자가 수락하면 디지털 자산과 그에 상응하는 대가(가상 화폐)가 동시에 교환된다. 플랫폼에 리스팅한 작품에 대해 구매하기 버튼만 누르면 이더리움의 이체와 소유권 이전이 동시에 이루어지기 때문에 무신뢰 관계에서도 계약 불이행에 대한 우려도, 별도의 검증 절차도 필요 없다. 또한, 약간의 플랫폼 수수료와 NFT로 발행하는 데 필요한 가스비를 제외하고는 거래 비용이 발생하지 않는다.

여기에 또 한 가지, 예술 창작자들을 열광케 한 조건이 더 코딩되어 있었다. 프로잰스키 계약의 핵심인 '재판매권resale right'이다. 해당 작품(디지털 자산)이 재판매될 때마다 일정액(현재 대다수의 플랫폼은 약 10%로 책정되어 있다)의 수익이 로열티로 누군가를 거치지 않고 곧바로 창작자의 '월렛'으로 자동 분배되도록 설계되어 있다. 한 번 작품을 판매한 후에도 재판매될 때마다 별다른 행위 없이 추가적이고 지속적인 수익을 얻을 수 있다. 예술 거래 과정에서 대부분의 예술가들은 계약서 작성을 먼저 요구하거나 유리한 교섭을 하기 어렵고, 비용 때문에 법률 전문가의 도움을 받기도 쉽지 않았기에 스마트 계약의 간소화된 절차와 낮은 거래 비용이 예술가들의 공정한 거래와 법적 보호를 강화할 것이라 기대한다.[24] NFT는 '프로잰스키 계약'의 완벽한 재현이자 부활과 같다.

8. 미들맨 중심에서
커뮤니티 중심으로

예술 시장이 거래를 돕는 중개인 모델로 작동하는 데 비해 NFT 미술은 커뮤니티를 기반으로 시작됐다. 오프라인보다는 온라인에서 보내는 시간이 많아진 세대에게는 취미나 취향이 같은 이들이 온라인상에서 쉽게 친구가 된다. 닷컴 시대부터 시작된 온라인 커뮤니티 문화는 다양하게 변화하며 확장되었다. 이들은 인터넷이나 소셜 미디어, 그리고 메타버스에 모여 일하고, 놀고, 창작하고, 돈을 벌기도 하며 존재한다.

그 중심을 파고든 것이 NFT다. 여기서 말하는 커뮤니티 또한 가상의 공동체다. 불특정 다수의 창작자, 사용자 들이 트위터, 디스코드, 클럽하우스 같은 문자 또는 오디오 기반 소셜 네트워크에 자유롭게 모여 정보를 공유하고, 대화를 나누고, 창작하고, 놀이를 즐기고 있다. NFT라는 어려운 기술 전문 용어, 블록체인 기반 NFT 플랫폼의 이용, 가상 화폐 및 가상 자산의 거래 등 혼자서는 이해하기 어려운 이야기들조차 새롭고 신나는

'놀이'가 되었다. 한 발 더 나아가 공통의 철학, 목표, 비전, 계획을 가진 사람들이 모여 공동의 프로젝트를 수행하는 탈중앙화된 자율 조직, 평등하게 의사 결정에 참여하고 투명하게 운영하며 수익을 분배하는 DAO^{Decentralized Autonomous Organization}라는 블록체인 기반 조합들이 생겨났다.

커뮤니티 문화는 국내 NFT 시장의 빠른 성장에도 크게 기여했다. 미국에서는 2017년을 기점으로 NFT 아티스트와 크립토 아트 컬렉터들이 서로 교류하는 커뮤니티가 형성되었다면, 대한민국에서는 2021년 3월 초 단 몇 명에서 시작되어 지금은 따로 또 같이 온라인, 오프라인 전시를 열고, 새로운 예술 생태계를 만들어 가고 있다. 2021년 3월 23일부터 4월 11일까지 한국 NFT 커뮤니티의 아티스트들이 크립토복셀cryptovoxels(디센트럴랜드Decentraland 등과 같은 이더리움 기반 가상 부동산으로 가상의 공간에 부동산을 구매해 원하는 방식으로 자신의 공간을 꾸밀 수 있는 일종의 메타버스)이라는 가상 갤러리, 일종의 메타버스에서 그룹전을 열었다.25 NFT 아티스트들의 개별 플랫폼에 분산되어 있는 작품들을 한 공간에 모아 함께 전시해 보면 재밌겠다는 생각에서 출발했다. 이 가상 갤러리의 '화이트 큐브'에는 참여 작가들이 NFT화한 작품들이 걸렸고, 누구나 접속해 전시를 관람할 수 있었다. 전시된 출품작들을 클릭하면 각 작가가 작품을 발행한 NFT 플랫폼과 자신의 작품을 소개할 수 있는 소셜 미디어 계정 등으로 연결됐다. 참여 작가들과 관람객은 자신의 아바타를 통해 기념사진이나 기념 영상물을 촬영하기도 하며 역사적인 첫 NFT 그룹전을 축하했다. (이 그룹전을 기록한 영상물 또한 NFT 플랫폼 오픈씨에 발행되었고, 100ETH에 리스팅됐다.)

이 첫 그룹전이 흥미로운 점은 '미들맨' 없이 예술 창작자들, 그것도 얼굴 한 번 대면한 적 없는 전 세계에 흩어져 있는 작가들이 가상의 공동체를 만들어 스스로 기획하고, 홍보하고, 전시하고, 판매하고, 관객과 소통했다는 점이다. 이후 NFT 오아시

Korean NFT Artist 'NFT Villa Exhibition' ©Grida
2021년 초 국내 NFT 아티스트들이 스스로 기획, 전시, 홍보, 판매를 했던 첫 온오프 하이브리드 그룹전 포스터.

스$_{NFT Oasis}$'라는 미국 회사의 메타버스 공간에서의 초대전으로 이어지고, 온오프 하이브리드 전시인 《NFT 빌라전》을 개최하기도 했다. 《NFT 빌라전》은 2021년 12월에 파리의 한 갤러리 전시 공간과 메타버스에서 하이브리드 전시를 마쳤고, 2022년에는 파리, 서울, 두바이 등에서 연례 전시로 자리 잡았다.

2021년 3월 첫 NFT 아트 그룹전에서 참여 작가들은 전시회를 '살롱전$_{Salon}$'이라 명명했다. 프랑스 왕실이 추구하던 아카데미즘에 걸맞은 '엘리트' 예술가를 선정해 지원하기 위한 《살롱전》에서 낙선한 예술가들의 항의를 조롱하듯 열린 《낙선전》을 빗댄 것이다. 당시 낙선작 중의 하나가 마네의 〈풀밭 위의 점심〉(1863)이다. 새로운 예술을 열망하던 젊은 예술가들과 예술 애호가들은 새로운 예술 창작 방식과 주제에 환호했다. 그렇게 마네를 필두로 '인상주의'라는 혁신적 예술 사조가 등장했고, 예술가들은 더 이상 기존의 예술계에 의존하지 않게 되었다. 창작 공간 또한 작업실을 벗어났다. NFT 미술을 바라보는 시각은 160여 년 전 《낙선전》을 바라보던 것처럼 예술로 인정할 수 없다는 측과 새로운 예술이 탄생했다며 흥분감을 감추지 못하는 측으로 갈렸다.

NFT는 역사도 없고, 규칙도 없고, 프로도 아마추어도 없이 모두가 원점에서 새로 시작한다. 비플처럼 전통적인 아트 마켓에서는 생소한 작가조차 하루아침에 스타가 될 수 있다. NFT

커뮤니티에서 만난 예술 창작자들은 "현실의 예술 세계는 경직되어 있고 폐쇄적이어서 갑갑함을 느꼈다"고 했다. 이들은 NFT라는 신세계에서 일종의 해방감을 찾은 듯했다. 특히 전통적인 예술 시장의 장벽이 높아 진입하기 어려워 좌절감을 느끼던 작가들은 영향력 있는 갤러리나 평론가의 선택이나 평가를 받지 않고, 오로지 작업 자체만으로 승부할 수 있다는 점에서 희망을 찾는다. 비플에 이어 4월 12일 3대 경매 회사 중 한 곳인 필립스를 통해 경매에 출품하여 410만 달러(한화 약 51억 원)에 낙찰되면서 캐나다에서 가장 작품 값이 비싼 생존 작가로 등극한 매드 독 존스는 "갤러리나 큐레이터의 눈에 띄지 않으면 예술 시장에서 성공하기 어려운데 NFT가 새로운 기회를 가져다줬다. 다른 예술가들처럼 긴 줄을 서기 싫어서 나만의 줄을 만들었다"고 했다.

NFT를 시도하는 예술 창작가들은 자신들이 예술계와 예술사가 변화하는 시점에 있다고 믿는다. 그리고 《낙선전》의 창의적이고 혁신적인 예술가들처럼 커뮤니티를 통해 서로 격려하고, 함께 전시를 기획하고, 홍보를 돕고, 정보를 주고받고, 때로는 공동 프로젝트, 다양한 장르 간 협업 프로젝트를 따로 또 같이 추진하며 굳건한 신뢰와 유대 관계를 형성해 가고 있다.

'NFT 커뮤니티'에는 예술 창작자들만 있는 것이 아니다. 컬렉터들 또한 예술가와 작품 이야기를 나누고 새로운 프로젝트를 응원하고 어울린다. 전통적인 아트 마켓에서는 돈이 있다고 해서 항상 원하는 작품을 찾아내 살 수 있는 것도 아니고, 모든 예술가가 작품을 전시하고 팔고 싶다고 해서 할 수 있는 것도 아니다. 아트 마켓의 정보 비대칭 때문이다. NFT에 열광하는 이들은 투명성, 개방성, 증명성 등 블록체인 기술의 장점이 예술품 거래와 수집의 근본적인 원리를 바꿔 놓을 것이라 믿는다. 전통적인 컬렉터들과 다른 성향을 보이는 NFT 컬렉터들은 온라인 커뮤니티에서 예술 창작자들과 편하게 교류하며 자신의 취향을 찾아가고 실물 작품에 비해 접근성이 높고 쉽게 구매하고 소장할 수 있다는 점, 그리고 객관화되고 투명하게 공개된 정보(특히 가격 정보)에 매력을 느낀다. 이들은 아트 딜러들이 오랜 시간에 걸쳐 획득한 정보와 평판과 신뢰를 블록체인 기반 플랫폼이 대체할 수 있다고 주장한다.[26]

그런데 아이러니하게도 예술 창작자와 컬렉터 간의 직거래 장터라 여겨졌던 이 세계는 확장되면 될수록, 특히 국내에서는 단순한 플랫폼 기능을 넘어 적극적인 미들맨 역할을 하는 회사, 그리고 그 회사와 작가 사이에서 또 한 번 미들맨 역할을 하는 갤러리나 기획사와 제작사까지 미들맨의 미들맨들이 계속해서 끼어들고 있다. 그런 면에서 메타 플랫폼이 인스타그램을 NFT 플랫폼화하는 시도, 즉 작가가 자신의 소셜 미디어 계정에서 바로 민팅하고 구매자는 중개인 없이 바로 구매가 가능한 모델은

NFT 미술 거래의 초기 아이디어 또는 본질을 이해한 사업 모델처럼 보인다.

9. NFT는 예술 창작자들의 유토피아인가

NFT 커뮤니티를 통해 혼자서는 할 수 없던 일들을 느슨한 가상 공동체의 일원으로 해낼 수 있다는 데 용기를 얻은 예술가들은 유토피아적 예술의 미래를 꿈꾼다. 그렇지만 이 흐름이 또 어떻게 새로운 형태로 진화하거나 변화할지 아직 아무도 단정하기는 어렵다. 미들맨이 없는 새로운 유통 채널이라 믿었지만 플랫폼들과 갤러리와 경매 회사의 NFT 시장 참여로 또다시 미들맨에 종속되어 가는 것에 좌절감을 느끼는 예술가들도 많다. 물론 법률적·제도적 이슈나 기술적 한계 등 극복해야 할 것도 많다. 새로운 질서나 관례가 만들어져 가는 과정이니만큼 이에 따른 피해나 부작용도 속출하고 있다.

2021년 3월 뱅크시의 〈멍청이들Moron〉이라는 작품을 구매해 NFT화한 후 그 원작을 불태운 사람이 있었다. 흥미로운 점은 이 작품이 고흐 작품의 경매 모습을 묘사하며 예술을 자본으로 치환시키는 아트 마켓을 비판하기 위해 만들어진 것이었다는 점이다. 그는 오디오 챗 클럽하우스에서 방을 열고 자신이 왜 이 작품을 불태웠는지 자랑스럽게 떠들었다. 실물 예술뿐 아니라 비물질 예술도 충분히 가치가 있음을 보여 주고 싶었다고 했다. 이후 많은 작가들이 자신의 작품을 NFT화한 후 스스로 불태우거나 없애 버리고 이 사실을 공표했다. 물질이 사라져야만 비물질이 가치를 얻는가, 그리고 물질화된 작품은 누구나 자유롭게 불태워도 되는가.

둘 다 그렇지 않다. 실물 작품의 '디지털 트윈'(현실 세계의 사물 등을 가상 세계에 구현한 것) 또한 그대로의 새로운 가치를 만들어 낼 수 있고, 비물질 예술을 실물화할 수도 있으며, 두 작품의 가치는 각기 다른 내재적 의미를 갖는다. 실제로 NFT화한 후 스스로 실물 작품을 폐기하고 이 사실을 공표하는 작가들도 있다. 뱅크시 작품을 불태우는 '퍼포먼스'가 가능했던 이유는 뱅크시가 저작권이나 소유권을 내세우지 않는, 저작권 반대론자였기 때문일 뿐, 작품을 불태우든 찢어 버리든 할 수 있는 권리는 오로지 원저작자에게만 있다. (저작권을 주장하지 않는다고 권리가 저절로 소멸되는 것은 아니다.) 물론 저작권법상 저작물이라 지칭하는 예술 작품을 NFT화할 권리 또한 오로지 저작권자에게만 있다. 작품을 구매했다 하더라도 그 물질화된 작품에 대한 재산적 권리만 가지고 있을 뿐 작품에 대한 무체재산적 권리, 즉 저작권은 원저작자에 귀속되듯 NFT 구매자 역시 그 작품의 '메타데이터 링크'인 NFT에 대한 소유권만 갖게 될 뿐이다. 저작권법은 저작자의 권리와 소장자의 권리를 구별한다, 소장자는 원본 작품에 대한 전시, 그리고 재판매를 위한 제한적 복제권 및 배포권만 허용되고 있다. 따라서 NFT 작품을 구매한다고 해서 구매한 작품을 가공해서 2차 창작물을 만드는 등 자유롭게 이용할 수 있다는 의미는 아니다. 이것이 제1원칙이다. 최근에는 NFT를 통해 다양한 실험을 하고자 저작자 스스로 구매자들이 자유롭게 2차 저작물화하거나 상업적으로 이용하거나 변형하거나 새로운 창작 레이어를 입히는 것을 허락하는 경우도 많지만 역시 선택권은 저작자에게 있다.

익명성과 탈중앙화라는 블록체인 커뮤니티의 철학 또는 개념은 법적·제도적·기술적으로 불안정성을 내포한다. '모네그래프 프로젝트'의 목표는 '예술가들이 작품을 좀 더 쉽게 팔아 돈을 벌고, 자신의 창작물에 대해 통제할 수 있게 함으로써 저작권 침해를 방지하는 것'이었다. 그런데 NFT 플랫폼을 통해 전자는 성공한 듯하나 후자는 아직 가야 할 길이 먼 듯하다. NFT는 눈앞의 욕망에 사로잡힌 자들이 저작물을 훔치고, 표절하고, 해킹하도록 하는 자극제도 되었다. 자산화에 눈이 먼 표절자들은 타인의 저작물을 무단으로 이용해 토큰화하고 자신의 작품이라 소유권을 기록하고 판매하고 있다.

현재로서는 해당 플랫폼에 권리 침해 신고를 함으로써 해당

NFT를 삭제하고, 창작자 스스로 소셜 네트워크 등을 통해 이러한 사실을 공표하는 방식으로 해결하고 있다. 익명성을 기반으로 하는 블록체인상의 모든 거래는 불변하는 고유의 가치로 기록되지만, NFT화하거나 이를 구매하기 위해서는 실명을 확인하거나 신분 증명을 할 필요가 없다. 금융 거래를 위해 은행을 통해 간접적으로 증명 절차를 진행하고 있을 뿐이다. 창작물이 무단으로 NFT화되어 판매될 경우 창작자나 구매자 모두 피해자가 될 수 있지만 익명 기반의 국경 없는 온라인 플랫폼에서 관리 감독하고 법적 제재를 가하기란 현재로선 쉽지 않다. NFT 플랫폼들은 자체 약관에 저작권 관련 규정을 두고, 저작권 침해가 의심되는 경우 이의를 제기할 기회를 제공한다. 그러나 신고와 삭제를 넘어 하나의 NFT를 생성할 때 권리의 정당성을 확인할 수 있는 기술적 대안이 필요해 보인다.

7년 전 맥코이와 대시의 NFT '프로토타입'이라 할 수 있는 '모네그래프 프로젝트'는 결정적 단점을 갖고 있었다. 기술적 한계로 블록체인에 전체 이미지나 영상을 담을 수 없었기 때문에 대신 이미지의 웹주소 또는 작품을 수학적으로 압축한 코드를 넣어 예술 작품으로 연결하는 방식을 사용했다. 그렇다. 지금 사용하는 바로 그 NFT 방식 말이다. 기술적으로 보면 NFT를 구매할 경우 실제 디지털 작품이 아닌 그것이 지칭하는 것, 그 메타데이터, 즉 '링크'를 구매하는 것이다. 플랫폼이 사라지거나 도메인명을 갱신하지 않으면 블록체인상의 메타데이터는 디지털 우주의 미아가 될 수도 있다. 블록체인이 아무리 탁월한 기술이라 해도 이 기술이 구현되는 곳이 인터넷이기 때문이다.

인터넷이 안고 있는 문제점을 고스란히 NFT도 떠안는다.[27] 여전히 많은 NFT 플랫폼의 계정들이 해킹당하고 피싱 등을 통해 디지털 자산이 도난당한다. NFT 계좌의 비밀번호를 분실하는 것도 창작자나 구매자에게 치명적일 수 있다. 블록체인 기술이 부여하는 고유한 인식 값의 불변성과 이를 관리하는 중앙 감독 기관이 없는 가운데 모든 거래는 영구적으로 이뤄진다. 해킹으로 취득한 NFT 소유권도 영구적으로 유지될 수 있다. NFT 계정을 해킹해 NFT 자산의 소유권자가 바뀌었을 경우 이를 해결할 마땅한 방법이 아직은 없다. 현재로선 해킹 또는 도난을 방지할 기제는 없어 보인다. 현재의 NFT 플랫폼은 어쩌면 '카드로 만든 집', '모래 위에 지은 성'과 같다. NFT 거래, 특히 금융 자산화할 수 있는 NFT 프로젝트로 인한 피해자들이 크게 늘고 거래량이 증가하면서 각국 정부는 NFT 및 가상 자산에 대한 규제 및 보호 장치 마련에 착수했다.

10. 예술 시장, 예술 환경의 대체가 아닌 확장

드러나는 한계들에도 불구하고, 많은 예술 창작자들에게 NFT는 여전히 유토피아다. 무엇보다 창작의 한계를 무한 확장할 수 있다는 점에서 그렇다. 소더비에서 캐나다 생존 작가 중 최고가로 낙찰된 매드 독 존스의 〈리플리케이터Replicator〉는 현실 세계의 복사기처럼 잼이 걸릴 수도 있고 잉크가 떨어질 수도 있도록 코딩되었는데, 잼이 걸려 멈추기 전까지는 1년간 매달 새로운 복제작을 생산하도록 설계되었다. 판매된 작품은 한 점이지만 구매자는 작품이 복제해 내는 다양한 버전의 에디션들을 모두 소장하게 된다. 이는 NFT 스마트 계약에 포함된 알고리즘을 활용해야만 가능하다. 매드 독 존스는 "NFT 기술이 없었다면 실현할 수 없었던 아이디어"라고 했다.

우르스 피셔 역시 "디지털 세상은 무한한 상상력을 펼칠 수 있는 공간이다. 물리적 공간에서 펼칠 수 있는 작품 세계와는 또 다른 세상이 펼쳐졌다. 오래전부터 기획하고 꿈꿔 오던 아이디어들을 마침내 표현할 수단이 생겼다"고 했다. 전통적 매체 예술의 한계를 뛰어넘고, 장르 간 경계를 무너뜨리며 무한한 상상력과 창의력을 구현할 수 있는 디지털 매체, 이를 펼칠 메타버스라는 초월적 가상 공간, 그리고 NFT라는 증명 수단 또는 새롭게 규정된 예술의 개념은 예술 창작자들에게 물감을 담아 밖으로 나가 그림을 그릴 수 있도록 해 준 (인상주의가 시작되도록 한) 튜브가 개발되었을 때, 그리고 카메라가 개발되었을 때와는 비교가 되지 않을 새로운 세상으로 가는 문을 열어 주었다.

나는 2017년경 뉴욕에서 시작된 NFT 미술 커뮤니티에 관심을 갖고 지켜본 후, 2021년 초 국내에서 NFT 미술 커뮤니티가 형성되는 과정을 관찰할 수 있는 기회를 가졌다. 그 후 사람들은 종종 "저걸 왜 사나요?" 심지어 "저게 예술이라 할 수 있나요?", "원본이라 하는데 원작의 아우라는 어디 있죠?"라고 물었다. 그럴 때마다 이렇게 답했다. "이해하려 하지 말고 그냥 수용하세요." 당대로서는 경박해 보였던 마네의 작품을 이해할 수 없었듯, 뒤샹이 변기를 뒤집어 작품이라고 했을 때 그랬듯, 영화인지 다큐멘터리인지 미술인지 기술 장난인지 분간이 안 되던 디지털 매체 예술이 시작될 때 의아해했듯, 예술은 동시대인들의 사상과 감정을 투사한 '동시대성' 그 자체니까 말이다.

크립토펑크나 BAYC의 밈 조각들이 소더비, 크리스티 같은 제도권 옥션 하우스에서 고가에 거래되는 것을 두고 보수적 미술 시장에서는 의아한 반응을 보였다. 그도 그럴 것이 이 작은 스크린 안에, 때론 모바일 안에 갇힌 이 작은 것들이 대체 무엇이란 말인가. 다 빈치 그림 앞에서 사로잡히던 예술의 '아우라'는 어디 있단 말인가.

모든 시대의 예술은 동시대성을 양분으로 삼는다. 동시대를 살아가는 사람들의 생각이나 철학이나 가치관, 생활 양식, 그리고 그들의 내밀한 이야기를 예술가적 시각으로 표현하는 것이 동시대 예술이다. 예술의 그런 관점에서 보면 '펑크'와 'BAYC'의 가치도 이해 못할 바 없다. 화폐의 가치, 자산의 가치에 예민한 새로운 세대에게 크립토 아트의 투자 가치는 중요하다. 여기에 누구보다 먼저 최첨단 크립토 아트를 발견하고 수집하기 시작했다는 자부심, '레어템', '플렉스flex'라는 말이 유행할 정도로 자신만의 고유한 취향을 남들에게 자랑하고 싶은 심리까지. 온라인 게임에 익숙한 이들에게는 게임의 일부이자 게임 캐릭터이자, 개별 캐릭터마다 고유한 특성을 지닌 '펑크'와 '키티'가 쉽게 예술로 수용된다. 자신들만의 커뮤니티에서 함께 수집하고 이야기하고 놀던 '커뮤니티' 문화를 공유하고 추억할 수 있는 시각화된 예술 자체인 것이다. 물론 나는 크립토펑크나 BAYC 같은 제너러티브 아트 방식의 PFP 프로젝트에서 각 '밈', 즉 프로필 이미지와 밈들은 예술적 가치보다는 투자 가치 상승을 위해 로드맵을 제시하는 프로젝트 커뮤니티 멤버십의 '회원권'이자 투자 계약 증권의 '토큰'에 상응하는 것을 디지털 매체 예술의 중심으로 하는 시각 예술 NFT와는 차이가 있다고 생각하지만 말이다.

어떤 이들은 NFT나 메타버스에 흥미를 갖고 마켓플레이스를 들여다보고 나서는 이내 실망감을 표시한다. 그들에게는 이렇게 답했다. "지금 막 구석기 시대를 지나 신석기 시대로 가고 있습니다. 그런데 그 진화 속도는 앞으로 더더욱 빨라질 거예요." 막 태어난 '아기'한테 왜 말도 못하고 노래도 못하냐고 비난할 수는 없다. (예술사적 시간을 고려할 때) 막 태동한 'NFT 미술'은 이제 첫걸음마를 뗐다. 그리고 NFT 경매 회사 페어 워닝 설립자의 말대로 "NFT 세상은 현실 세계보다 7배 빠르다."[28]

2019년 봄, 나는 한 미술 전문지에 기고했던 글의 결말에서 "전통적으로 예술 시장은 새로운 기술을 수용하는 데 소극적이다. 블록체인 기술이 예술 지형을 변화시킬지, 변화시킨다면 어떻게라는 물음에 대한 답을 얻기까지는 시간이 걸릴 것 같다"고 한 적이 있다. 팬데믹이라는 환경적 요인과 3년이라는 시간이면 충분했고, 나의 예측은 보기 좋게 빗나갔다. 2021년 한 해의 NFT를 둘러싼 '하이프'와 '버블'은 서서히 꺼지고, 본격적으로 시각 예술이 NFT라는 신기술과 어떻게 결합해 갈지, 미래의 예술은 이제 시작이다.

3장

NFT 미술과
문화 민주주의:
기회의 확장과 새로운 관계 모색

이민하(중앙대학교 다빈치교양대학 교수)

이 글은 2019년 한국디지털콘텐츠학회 논문지에 게재되었던 「문화 민주주의 관점에서 본 블록체인 기반 미술 플랫폼」 내용을 바탕으로 작성되었다.

1. 블록체인과 미술의 만남: NFT와 디지털 아우라

최근 미술계에서는 불과 얼마 전까지만 해도 낯선 단어였던 NFT가 대세로 자리 잡고 있다. 2021년에 들어서면서 NFT 미술품은 미술 시장에서 엄청난 가격 상승세를 보이며 비플과 같은 무명작가의 작품이 제프 쿤스, 데이비드 호크니와 같은 대가의 작품 가격에 필적하는 고가로 낙찰되었다. 이후 전통적인 방식으로 작업하던 유명 작가들이 NFT 작품 제작에 뛰어들었으며, NFT 미술품만 전문적으로 취급하는 경매 회사가 본격적으로 생겨나는 한편, 미술 교육을 따로 받지 않은 일반인들도 쉽게 NFT 미술품을 창작하고 판매할 수 있게 되었다.

NFT를 이해하기 위해서는 역시 얼마 전까지만 해도 낯선 단어였던 블록체인 기술에 대한 이해가 필요하다. 일반인들에게는 아직까지 비트코인을 만드는 기술 정도로 인식되고 있지만 블록체인은 앞으로 금융, 의료, 유통 등 각 산업 분야의 전통적인 체계와 구조를 근본적으로 바꿀 수 있는 동력을 지닌 혁신

NFT, 처음 만나는 세계

적인 기술로 평가받고 있다. 블록체인 기술이 기존의 디지털 기술과 가장 뚜렷하게 차별화되는 점은 정보의 저장, 관리와 활용이 중앙 관리자나 중개자 없이 이루어지는 것이다. 중앙 서버에서 모든 정보를 총괄하는 전통적인 방식과 달리, 블록체인에서는 새로운 정보가 발생할 때마다 해당 정보를 네트워크에 연결된 구성원들이 함께 검증하는 과정을 거친다. 이후 네트워크상에서 체인 형태로 연결된 디지털 블록에 각각 암호화하여 저장한다. 블록체인의 이러한 특성은 복잡한 사회경제 시스템 전반을 넘나들며 확장 적용될 수 있는 기술적 효용성을 갖추고 있을뿐만 아니라, 기술의 기저에 '탈중앙화'와 '분권화'라는 근본 철학을 담고 있다. 따라서 앞으로 블록체인 기반의 기술 환경이구현될 경우 그에 수반하는 각종 사회 제도와 규범에도 직접 영향력을 미칠 수 있는 가능성을 보여 준다. 특히 블록체인은 기존의 중앙 집권적·수직적 정보 관리 체계를 지양하고 네트워크에 참여하는 각 개인의 역할에 무게 중심을 두어 수평적 사회관계를 지향한다는 점에서 중요한 사회적 함의를 갖는다.[1]

NFT는 블록체인 기술을 기반으로 한 일종의 '디지털 원본 증명서'다. 작품 거래 기록 등 작품에 관한 정보를 블록체인에 저장하여 만든다. NFT 미술품 거래라고 하면 작품 실물을 거래하는 것이 아니라, 미술품의 증명서 역할을 하는 디지털 파일을 사고파는 것이다. 비록 물리적 실체는 없지만 작품에 관한 모든 정보가 블록체인에 저장되어 복제가 불가능하므로, NFT 미술품은 다른 어떤 것으로도 대체될 수 없는 독립적인 정체성을 지닌다. 이는 곧 전통적인 미술 작품의 '아우라'의 근원인 원본성, 유일성과 같은 가치를 갖는다.

2. NFT의 등장과
새로운 미술 지형

 미술계는 전통적으로 '미술을 위한 미술'이라는 기치 아래, 폐쇄적이고 배타적인 관습과 규범을 유지해 왔다. 유명 갤러리와 컬렉터, 비평가 등으로 이루어진 소수의 집단이 미술의 정체성과 이상적인 미술의 기준을 규정했다. 미술품의 전시나 구매 기회는 대부분 이들 집단의 눈높이에 맞는, 일부 유명 작가와 재력을 갖춘 컬렉터에게 주어졌다. 그러나 20세기 후반에 문화 민주주의 개념이 등장하면서 미술계를 좌지우지하는 중앙 집권적인 권력 구조에 대한 비판이 시작되고 전통적인 가치관의 해체를 주장하는 목소리가 높아졌다. 문화 민주주의는 '시민 스스로를 위한, 시민 스스로에 의한' 문화 활동을 장려하며, 다양성과 기회 균등이라는 두 가지 축을 토대로 다양한 문화적 배경과 취향을 가진 대중이 자유롭게 문화예술과 관련한 활동을 누릴 수 있는 환경 조성의 필요성을 주장한다.

 블록체인과 NFT의 등장은 기나긴 역사 동안 보수적이고 폐쇄적으로 유지되어 오던 미술계에 급격한 지각 변동을 일으켰다. 신기술이 등장할 때마다 미술품의 제작 방식과 형태, 작품을 감상하는 방식과 평가 기준에 변화가 생겨났다. 그러나 NFT 미술품의 등장은 미술의 근본적인 정체성에 대한 의문과 함께 작품 창작은 물론 향유와 유통, 소유의 방식에도 총체적인 변화와 혁신을 가속화하고 있다. 특히 NFT로 인해 미술계에서 일어나기 시작한 일련의 변화는 그간 문화예술계 안팎에서 꾸준히 시도되었던 문화 민주주의의 지향점과 맞닿아 있다는 점에서 상당히 흥미롭다. 이 글에서는 오늘날 가장 혁신적인 기술로 평가받는 블록체인과 미술의 결합이 만들어 낸 NFT 미술품이라는 개념이 미술계에 가져올 새로운 가능성을 문화 민주주의의 관점에서 살펴보고자 한다.

문화 민주주의의 핵심은 '모든 사람을 위한, 모든 사람에 의한 문화'다. 사회의 다양한 구성원이 능동적·적극적으로 문화 활동을 향유할 수 있는 기회를 제공하는 것이다. NFT의 등장은 이 같은 문화 민주주의 개념을 현장에서 실천적으로 확장하는 데 기여했다. NFT 미술품 거래가 기존의 미술품 거래와 다른 점은 오픈소스 블록체인 플랫폼을 이용해서 누구나 쉽게 작품에 대한 증명서를 만들고 스스로 작품을 거래할 수 있다는 것이다. 그동안 미술품의 창작, 전시, 판매가 갤러리와 경매 회사 등 권위 있는 '중개자'를 통해 이루어졌기 때문에 이들과 연계된, 자본과 정보력을 갖춘 일부 엘리트 집단이 권력을 갖고 미술 시장을 지배했다. 반면 NFT 미술 시장은 기존의 중개자 역할을 기술이 대체함으로써 미술계의 권력 구조를 해체하고 진입 장벽을 낮추는 계기를 만들었다. 전통적으로 일부 명성 있는 갤러리와 경매 회사가 독식하던 분야에 새로운 스타트업이 진출했다. 또 기존 미술계에서 기회를 얻을 수 없었던 신진 작가들의 활동 무대가 넓어졌으며, 온라인으로 미술 작품의 소유권을 구입할 수 있는 기회가 늘어나면서 미술품 구매자층이 다양해졌다.

NFT는 기반 기술인 블록체인의 특성인 수평적, 열린 체계를 근간으로 작품 전시나 구매에 관심이 있는 사람이라면 누구나 쉽게 미술 시장에 접근할 수 있는 환경을 마련함으로써 고급 예술과 대중 예술, 갤러리와 작가, 작품과 대중 간 관계에 대한 미술계 내부의 전통적인 고정 관념을 첨단 기술의 새로운 패러다임으로 해체하고 있다. 이러한 관점에서 볼 때, NFT가 미술계에서 갖는 의의는 모든 이에게 동등한 콘텐츠 제작과 향유의 기회를 제공함으로써 기존의 미술계보다 폭넓고 다양한 방식으로 사회·문화 자본을 축적할 수 있는 가능성이 아닐까 한다.

이어서 최근 NFT를 이용한 미술품 거래와 창작이라는 새로운 비즈니스 모델을 선보이며 미술 시장을 재편하고 있는 사례를 소개하여, 기존 미술계의 구조적 문제점을 신기술 도입으로

풀어낼 수 있는 방안을 모색해 보고자 한다.

▮ 메세나스: NFT 미술품 거래 플랫폼

메세나스Maecenas2는 블록체인 기술을 활용한 미술품 경매 플랫폼이다. '미술 투자에 대한 접근성을 높인다'는 미션 아래, 메세나스는 오랜 시간 동안 지속되어 온 미술품 판매와 소유의 방식을 분산과 공유라는 새로운 방식으로 변화시켰다. 전통적인 미술품 거래가 미술품을 구매하고자 하는 고객이 경매 회사나 갤러리를 통해 가격을 지불한 후 실제 작품의 소유자가 되는 과정으로 진행됐다면, 메세나스는 작품의 '지분'을 구입하여 작품의 일부를 소유하는 형식을 도입했다. 하나의 미술 작품에 대하여 일정 개수의 NFT를 발행하고 고객이 NFT를 구입하면 관련 거래 기록이 블록체인상에 저장되는 방식으로 거래가 이루어진다. 이러한 방식은 증권 투자와 같이 다수의 고객이 고가의 미술품의 지분을 나누어 각각의 지분에 대한 분산 소유가 가능하도록 한다. 따라서 일반 대중이 이전의 미술품 거래에서는 꿈꿀 수 없었던 고가의 미술품 구입이 가능해졌다.

메세나스는 이와 같은 방식으로 2018년 열린 첫 경매에서 앤디 워홀의 〈14개의 작은 전기의자14 Small Electric Chairs〉의 소유권 49%를 성공적으로 판매했다. 작품은 총 170만 달러(한화 약 21

억 원)에 판매되었다. 물론 구매자들은 실제 작품 대신 작품에 할당된 데이터를 구입한 것이지만, 지분을 구입한 작품이 미술관 등에 임대되는 경우 임대 수익 중 일부분을 할당받을 수 있다. 또한, 암호 화폐 시장의 가격 변동 추세에 따라 소유하고 있는 지분을 판매하여 수익을 남길 수도 있어 투자 효과를 기대해 볼 수 있다.

NFT 미술품 거래는 전통적인 작품 거래 시스템에 내재해 있던 기존 미술 시장의 고질적인 쟁점인 불평등과 불균형 문제를 기술 혁신으로 해소하려는 시도로 볼 수 있다. 먼저, 일반인이 그동안 접근할 수 없었던 고가의 미술 작품에 대한 소유권을 얻을 수 있게

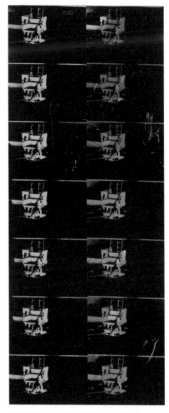

앤디 워홀, 〈14개의 작은 전기의자〉, 1980, 202.5x81.8cm, 실크스크린

되었다. 미술 작품을 공동 구매와 공동 소유가 가능하도록 여러 개의 NFT로 변환하는 방식은 미술품의 가격을 낮춰 일반인의 미술 시장 입성 기회를 확대했다. 또한 미술 시장에서 지속적으

로 제기되었던 정보 불균형 문제를 해결했다.

미술 시장에서는 그동안 경매 회사와 갤러리와 같이 소수의 미술계 내부자들 위주로 미술품과 관련한 각종 정보가 공유되는 경우가 많아 시장을 배타적이고 폐쇄적으로 만드는 데 일조했다. 그러나 기술 혁신으로 중개자의 개입 없이 온라인 플랫폼 상에서 작품에 대한 정보를 투명하게 공개하고 거래하는 것이 가능해지면서 일반인의 미술 시장 진입 장벽이 낮아졌다. 이와 함께 미술품 구매와 관련한 거래 기록 외에도 작품의 기존 소유자에 대한 정보가 모두 블록체인상에 보관되어 관리되므로 소유권이 위조되거나 무효화될 우려 없이 미술품을 거래할 수 있다. 따라서 전통적인 미술품 매매 시스템보다 안전성과 신뢰성이 보강될 수 있다.

▌ 크립토펑크: SW 코드로 창작한 NFT 미술 작품

메세나스가 일반 대중도 작품을 구매하고 소유할 수 있는 기회를 제공했다면, 크립토펑크는 기존 미술계의 제도권에 포함되지 않은 아마추어 미술가나 일반인의 작품 활동 기회를 확대할 수 있는 잠재성을 선보였다. 크립토펑크는 2017년에 제작된 디지털 아트 NFT다. 크립토펑크를 만든 존 왓킨슨John Watkinson은 미술 관련 교육을 따로 받지 않은 어플리케이션 개발자다. 그는 취미로 그려 오던 픽셀 아트 스타일의 펑크족 이미지를 웹상에서 전시하고 거래, 수집할 수 있도록 하기 위해 블록체인 기술을 이용했다.

크립토펑크가 추구하는 것은 전통적인 미술 작품 고유의 원본성과 유일성을 디지털 아트에서도 구현해 내는 것이다. 디지털 아트가 전통적인 미술에 비해 수월하게 복제가 가능하기 때문에 상대적으로 예술 작품으로서의 가치를 인정받지 못했다면, 크립토펑크는 이러한 디지털 아트의 맹점을 NFT 기술로 극복했다. 왓킨슨은 자신이 고안한 펑크족 이미지를 바탕으로 머리 모양이나 의상, 액세서리 등을 약간씩 바꾸어 디지털 아트 작품 1만 개를 만들고 각 작품에 NFT를 발행함으로써 기존의 미술품과 같은 유일성과 희소성을 부여했다. 크립토펑크 초창기에는 각 이미지의 평균 거래가가 0.11ETH(한화 약 12만 원)에 거래되었으나, 암호 화폐의 가격 급등으로 크립토펑크 시리즈 중 #7523은 2021년 6월 소더비 경매에서 1,180만 달러(한화 약 149억 원)에 낙찰되었다.

3. NFT 미술품의 의의

▎미술품 소유 기회 확대: 공동 소유와 분산 판매

다른 예술 장르와 비교해 볼 때 미술은 상대적으로 관객과의 거리가 먼 장르로 알려져 왔다. 전통적으로 미술의 존재 이유와 목표는 정치적·사회적 기능과는 분리되어 미술만의 순수성과 자율성을 추구하는 데 있었다. 작품을 창작할 때도 고도의 이론을 기반으로 한 미학적 고민과 실험에 집중해 왔다. 미술과 대중 간 가교의 역할을 하는 미술관의 경우도 크게 다를 바 없었다. 미술관은 오랜 시간 동안 '화이트 큐브white cube'로 불리며, 세속과는 분리된 일종의 성전과 같은 공간을 조성함으로써 예술품에 신성성을 부여하고 일반 대중을 외면했다는 비판을 받아 왔다. 미술 시장도 예외는 아니다. 미술품의 소유와 거래는 일부 계층에 의한 독과점으로 인해 비판의 대상이 되었다. 그간 미술 시장의 구조가 고가의 미술품과 유명 작가에 집중된 형태로 유지되다 보니 소수의 컬렉터나 투자자를 제외하고는 일반 대중의 유입을 통한 새로운 감상층과 컬렉터층이 생겨날 가능성을 애초에 배제하고 있다는 평가도 받았다.

이러한 상황에서 새로 등장한 '암호화 수집품crypto collection' 이라는 단어에 주목할 필요가 있다. 말 그대로 블록체인을 기반으로 암호화된 디지털 자산인 NFT를 수집하는 것이다. NFT를 발행함으로써 실제 재화를 디지털 데이터로 저장할 수 있게 되면서 오프라인에서 실물 작품에 대한 소유권 개념과 일치하는 온라인상에서의 소유권 개념이 확립되었다. 온라인 게임에서의 아이템이나 가상 자산 등도 일종의 디지털 자산의 소유권 개념으로 이해할 수는 있으나 가상 공간 바깥에서는 매매가 불가능하고, 거래의 투명성과 신뢰성을 담보할 수 있는 장치가 따로 존재하지 않는다는 점에서 완전한 소유권으로 판단하기에는 한계가 있다. 반면 NFT의 경우에는 부분에 대한, 또는 전체 소유가 가능하고 소유권의 판매를 통한 수익 창출도 가능하다. 최근 NFT 미술품 경매의 경우 하나의 미술품을 여러 개의 NFT로 분산하여 판매하는 새로운 방식을 제안함으로써 미술계에서 암호화 수집품의 확산에 기여했다. 이렇게 미술 작품의 지분을 분산하여 소유하는 것은 이전의 미술계에서는 존재하지 않던 새로운 방식이다. 일반 대중에게는 높게 여겨졌던 미술품 수집의 장벽을 허무는 데 효과적인 대안이 될 수 있다.

한편, NFT 미술품 수집이라는 트렌드를 만들어 낸 크립토 펑크의 경우 일반 미술 작품과 달리 손쉽게 복제 가능하다는 이유로 예술 작품으로서의 가치를 제대로 인정받지 못했던 디지털 아트에 새로운 생명을 불어넣었다. 디지털 이미지에 고유한 인식 값을 부여하여 NFT로 저장하는 과정에서 예술 작품으로서의 희소성이 생겨나면서 NFT 작품은 투자 효과와 같은 실용적 가치뿐 아니라 예술 작품의 유일성과 원본성이라는 후광 효과에서 비롯되는 감성적 가치를 함께 지니게 되었다. NFT를 소유하는 것 자체가 수집가들에게 더욱 특별함을 느낄 수 있게 함으로써 미술 시장에 대한 관심과 투자를 높일 수 있었다.

NFT의 등장은 미술계에 존재하지 않았던 공동 소유와 분산 판매의 개념을 만들어 내며 많은 사람들이 미술 향유의 새로운 가치를 발견하고 참여할 수 있는 기회를 제공했다는 데 의의가 있다. NFT를 미술계에서 제대로 활용한다면 앞으로 대중은 작품의 공동 소유권자로서 미술 시장에 능동적인 역할로 참여할 수 있게 되고, 작가는 디지털 희소성이라는 후광 효과의 혜택으로 작품 활동에 대한 지원 기회와 대중적인 명성을 얻을 수 있다. 궁극적으로 전통적인 미술계의 배타성과 폐쇄성을 약화시키고, 개방과 공유를 바탕으로 하는 새로운 미술 환경을 조성해 나갈 수 있으리라 기대된다.

대안적 창작 및 전시 모델 제안: 신진 작가 육성과 발굴

미술계가 갖고 있는 고질적인 문제점 중 하나는 대부분의 구매자가 미술품 구입에 상당히 많은 돈을 지불하지만, 대부분의 미술가는 작품 활동만으로는 생계를 유지하기가 힘들다는 것이다. 매해 여러 미술 대학에서 수많은 졸업생을 배출하고, 이들 중 많은 수가 작품 활동을 계속하고자 하는 꿈을 갖고 있지만 전업 작가로서 창작 활동에만 전념하면서 미술계에서 살아남을 수 있는 확률은 그리 높지 않다. 미술계는 전통적으로 승자 독식 체제를 고수해 온 분야다. 미술계의 피라미드 상위 1%에 해당하는 작가와 갤러리 들만이 미술계 전체 수익의 대부분을 차지한다.

이 문제의 주된 원인은 미술계의 중앙 집중형 권력 구조에 기인한다. 작가들이 창작 활동을 오랫동안 이어 나가기 위해서는 지속적으로 전시를 열고 작품을 판매할 수 있는 기회가 있어야 하는데 미술관, 갤러리, 경매 회사 등 소위 주류 미술 시장에서는 아무래도 신진 작가보다는 거장이나 명화 위주의 전시나 작품 거래에 관심이 집중된다. 따라서 미술계에서 창작자로 오래 살아남을 수 있는 확률이 상당히 드물다는 것은 익히 알려진 사실이다. 이와 관련하여 블록체인과 NFT의 도입은 오래된 미술계의 수직적인 권력 구조를 재편하여 더 많은 작가들에게 작품을 제작하고 대중에게 선보일 수 있는 활동 무대를 확장할 수 있는 가능성을 보여 준다. 미술 시장에서 중요한 한 축을 담당하는 중개자의 역할을 기술이 대체하도록 함으로써 이전보다 더 신뢰할 수 있고 효율적인 방식으로 미술품을 전시하고 판매할 수 있는 대안을 제시한 것이다.

메세나스는 NFT를 활용하여 작가에게 보다 많은 이익이 돌아가는 시스템을 구축했다. 미술 시장에서 중개자의 역할을 기술이 대신하도록 하는 방식은 전체 판매액에서 중개자 몫으로 책정되는 수수료를 줄이고 작가의 몫을 늘릴 수 있도록 한다. 작품에 대한 부분 소유권을 제공하는 방식은 대중의 미술품 투자 기회를 늘려 컬렉터층을 다양화하는 동시에 새로운 자본이 미술계에 유입될 수 있도록 만들어 작가의 수익원을 다각화할 수 있다. 또한, 작품 정보를 암호화하여 블록체인에 저장함으로써 미술품 위작 여부, 이전 소유자 증명 등에 대한 실시간 검증이 가능하므로 미술품의 재판매 가치를 더욱 높일 수 있다.

크립토펑크는 아마추어나 신진 작가 등 오랜 시간 동안 미술계의 주류에서 제외되었던 사람들이 도전해 볼 수 있는 미술 분야에서의 새로운 창업 모델을 제시한다. 크립토펑크는 갤러리, 미술관 등 기존의 미술계에서 권력을 갖고 있던 매개자의 힘을 빌리지 않고 플랫폼이라는 상호성을 촉발하는 디지털 매체를 통해 관객과 직접적 소통을 시도했다. 이에 더해 NFT가 갖고 있는 '디지털 희소성' 개념을 적절하게 배합하여 1인 창작 플랫폼의 성공 가능성을 보여 주었다.

4. 기술과 미술의 새로운 관계 맺기: 지속 가능한 발전을 위한 과제

  이 글은 오늘날 가장 혁신적이고 대안적인 기술로 평가받는 블록체인이 미술과 어떤 방식으로 결합하고 있으며 과연 미술계 내부 문제를 해결할 수 있는 대안으로 작동할 수 있을 것인가라는 질문에서 시작했다. 기존 미술계의 문제점 중 가장 근본적으로 해결해야 할 중요한 과제는 미술계가 중앙 집권적인 위계질서 하에서 일부 '내부자'들 중심으로 작동되어 대다수의 작가와 관객이 소외되는 상황을 초래했다는 점이다. 이에 반하여 최근 등장한 블록체인 기반 NFT는 기술 인프라를 바탕으로 수평적 운영 체계, 공유와 협업의 개념을 직접 실천할 수 있는 환경을 조성했다. 특히 NFT 미술 시장에서 시도하고 있는 미술품 소유의 분권화, NFT 작가가 제안하고 있는 대안적 창작과 전시 방식은 이전 미술계에서 볼 수 없었던 현상으로, 참여 확대와 기회 균등을 향한 새로운 가능성을 보여 준다.

  물론 NFT 미술은 아직 시작 단계에 있다. 앞으로 미술계에서 NFT의 역할과 방향성에 대해서는 더 다양한 관점에서 깊이 있는 논의가 필요하다. 4차 산업 혁명 시대에 첨단 기술의 개발과 확산에 따른 예술 작품 창작과 향유 환경의 변화는 거부할 수 없는 주된 흐름이다. 미술 분야 역시 이와 같은 흐름을 비켜 나갈 수는 없을 것이다. 따라서 오늘날과 같은 전환기의 상황에 요청되는 것은 새롭게 출현한 기술이 미술계에 어떤 의식과 사고의 변화를 유도하고 그것이 미술계 전반에 어떤 영향을 미칠지 제대로 판단하고 그에 맞는 대응 전략을 모색하는 것이다. 첨단 기술이 새롭게 등장할 때마다 우려되는 점은 이전에 존재하지 않던 새로운 비즈니스 모델과 서비스 개발에 집중하여, 최신 기술의 이식에만 급급하는 움직임이다. 신기술이 지향하는 근본 가치와 비전이 무엇인지 제대로 이해하고, 기술의 도용에 따른 의식의 재정비, 그리고 신기술에 적합한 규범과 제도 마련 등과 관련한 활발한 논의가 필수적인 시기다.

현재 NFT가 보여 주는 가장 큰 장점은 미술계의 다양한 구성원이 평등한 위치에서 미술과 관련한 자유로운 실험을 할 수 있는 장을 열어 준 데 있다. 그러나 최근 NFT를 중심으로 새롭게 틀을 잡아 나가고 있는 미술 시장이 과연 탈중앙화라는 이상적 비전을 지속적으로 실현해 나갈 수 있을지는 의문이다. 신기술을 기반으로 한 미술 시장이 또다시 새로운 제도 권력에 의해 장악되지 않으리란 법은 없기 때문이다. 특히 소더비나 크리스티 등 자본력을 갖춘 기존 미술계의 실세가 이미 블록체인과 NFT와 관련하여 영역 확장을 시작했고 금융, IT 분야의 대기업도 관련 사업에 뛰어들고 있는 것을 볼 때, 특정 권력 집단의 독주를 견제할 수 있는 수단과 장치에 대한 고민도 필요하다.

또한, 신기술이 갖고 있는 다양성과 개방성이 미술의 사회적 기능과 역할에 미치는 영향력은 긍정적인 관점으로 바라볼 수 있다. 그러나 예술의 본질 중 하나인 미적 가치에 미치는 영향에 관해서는 여러 갈래의 서로 다른 해석을 해 볼 수 있다. 비록 오늘날의 미술이 과거처럼 단편적인 미의 추구를 넘어, 보다 열린 방식으로 확장된 개념을 갖게 되었지만, 기술 환경의 변화로 이루어진 새로운 예술 창작과 향유의 맥락에서 미술품의 미적인 가치 기준을 어떻게 설정할지 한 번 더 생각해 볼 문제다. 더불어 블록체인과 미술 간 적극적인 결합의 또 다른 측면에는 문화 민주주의의 실현이라는 이상적인 비전뿐만 아니라 외부 자본 유입을 통한 경제적 효과에 대한 기대 또한 자리 잡고 있음을 고려해야 한다. 실제로 비트코인을 비롯한 암호 화폐 시장의 상황에 따라 NFT 미술 시장의 온도가 확연히 달라진다는 것은 주지의 사실이다. 새로운 기술과의 결합을 통해 변화와 발전을 모색하기 시작한 미술계가 단순히 첨단 기술 기반의 비즈니스 모델을 실험하는 거점이 되어 결국에는 시장 논리에 잠식되지 않도록 경계해야 할 것이다.

˙NFT, 처음 만나는 세계

4장

NFT 미술의
시장 가치

김성혜(art 602 대표)

1. NFT 미술 시장 현황

　NFT 산업은 크게 미술, 컬렉터블(수집품), 메타버스, 게임, 유틸리티, 스포츠 분야로 나뉘는데, 총 거래량을 기준으로 미술은 NFT 산업의 24%를 차지한다.[1] NFT 미술은 크립토 아트, 즉 블록체인을 기반으로 한 디지털 아트이며, 최근에는 하나의 새로운 예술 장르로 부상 중이다. 대부분의 NFT 미술은 디지털 상에서 제작되지만, 최근에는 실물 작품을 디지털화하여 토큰으로 민팅하기도 한다. 또 디지털 작품에 따른 실물 작품을 페어링하여 제작하기도 한다. 2017년 이더리움의 급부상과 함께 활성화된 NFT 미술 시장은 2020년 하반기부터 호황기를 맞이했다.

　NFT 미술이 대중에게 각인되기 시작한 시점은 2021년 3월 비플로 활동하는 디지털 아티스트 마이크 윈켈만의 작품 〈매일: 첫 5,000일〉이 크리스티 경매에서 6,930만 달러(한화 약 870억 원)에 낙찰되면서부터다.[2] 100달러로 경매 응찰이 시작

비플, ⟨매일: 첫 5,000일⟩, 2021

4장_NFT 미술의 시장 가치

되어 놀랄 만한 결과를 이루어 낸 이 작품의 구매자는 싱가포르 기반의 NFT 펀드 메타퍼스Metapurse의 창업자인 비네쉬 순다레산이다. 그는 비플의 작품을 NFT 온라인 마켓플레이스인 니프티 게이트웨이에서부터 구매하고 있던 소장가다. 순다레산은 비플이 2007년부터 13년 동안 매일 한 점의 디지털 작품을 제작하여 온라인에 업데이트한, 5천 개의 이미지를 단일 NFT 미술로 탄생시킨 이 작품이 10억 달러(한화 약 1조 2천억 원)의 가치가 있다고 주장했다. 메타코반으로도 알려진 순다레산은 모든 기술이 복제 가능하고 어떠한 기교도 능가할 수 있지만, 시간은 디지털로 해킹할 수 없는 유일한 것이라고 언급하며 이를 표현한 비플의 작품이 새로운 변화의 시발점을 상징한다는 점에서 높은 가치를 지녔다고 평가했다.[3]

성공적인 크리스티의 비플 경매 이후, 소더비는 4월에 디지털 크리에이터 팍과 니프티 게이트웨이와 협업하여 〈대체 불가능한 것들 The Fungible〉 프로젝트를 진행했는데, 3일간 경매, 오픈 에

팍, 〈대체 불가능한 것들〉 컬렉션, 2021

NFT, 처음 만나는 세계

디션Open Editions, 리저브드Reserved라는 세 가지 다른 방식의 판매를 통해 1,680만 달러(한화 약 212억 원)의 결과를 기록했다. 같은 시기 필립스 경매 또한 매드 독 존스로 활동하는 미카 도우박Michah Dowbak의 NFT 미술 작품 〈리플리케이터〉를 414만 달러(한화 약 52억 원)에 성공적으로 낙찰시켰다. 비플의 작품으로 역사적인 NFT 미술 경매 낙찰 기록을 세운 크리스티는 5월, 라바랩스가 탄생시킨 NFT 미술 크립토펑크 컬렉션을 '21세기 이브닝 세일 경매21st Century Evening Sale'에 바스키아, 게르하르트 리히터, 데미언 허스트, 리처드 프린스, 크리스토퍼 울 등 동시대를 대표하는 현대 미술 작품과 함께 올림으로써 NFT 미술에 무한한 신뢰와 위상을 부여했다.[4] 이 경매에 출품된 9개의 크립토펑크는 추정가의 두 배인 1,700만 달러(한화 약 215억 원)에 낙찰되었다.

크리스티의 성공적인 크립토펑크 컬렉션 낙찰 결과의 열기가 채 식기도 전인 2021년 6월에 소더비는 '코로나 에일리언Covid Alien'으로 지칭되는, 마스크를 착용한 단일 크립토펑크 #7523을 약 1,180만 달러(한화 약 149억 원)에 낙찰시키며 NFT 미술에 대한 지속적인 열기를 입증했다. 코로나19 시대를 대변하는 크립토펑크의

라바랩스, 〈크립토펑크 #7523〉, 2017, ed.1/1

구매자는 디지털 스포츠 베팅 업체 드래프트킹스DraftKings의 최대 주주인 샬롬 멕켄지Shalom Meckenzie다. 이 작품이 그의 최초의 NFT 미술 소장품이며, 멕켄지는 앞으로 NFT 컬렉션을 확장해 나갈 계획임을 밝혔다.5 멕켄지의 주장처럼 그가 낙찰받은 크립토펑크는 현재 인류가 겪고 있는 코로나19 팬데믹과 NFT 대중화의 상징으로 손색이 없다.

또한 7월 래퍼 제이 지Jay Z는 자신의 앨범 《리즈너블 다우트Reasonable Doubt》의 발매 25주년을 기념하여 아티스트 데릭 애덤스Derrick Adams가 작업한 NFT 작품을 소더비 경매에서 13만 9천 달러(한화 약 1억 7천만 원)에 판매하여 일부 수익금을 숀 카터 자선 단체에 기부했다.

같은 시기 크리스티는 NFT 아티스트 듀오 해카타오Hackatao에게 런던 경매에 출품되는 레오나르도 다 빈치의 〈곰의 머리Head of a Bear〉(1480)의 NFT 버전을 의뢰하여 15세기 다 빈치의 곰에 생명을 불어넣었다. 다 빈치의 작품은 런던 경매에서 1,214만 달러(한화 약 153억 원)에 낙찰되며 작가의 드로잉 작품 가격 최고가를 경신했다. 또 크리스티의 독점 의뢰로 제작된 해카타오의 〈해카타오의 곰Hack of a Bear〉(2021)은 NFT 미술 플랫폼인 슈퍼레어에서 경매가 진행되어 15만 달러(한화 약 1억 8천만 원)에 낙찰되었다. 이 작품은 증강 현실 덕분에 위풍당당한 곰으로 살아나 모든 소셜 플랫폼에서 전 세계를 돌고 있으며, 엘

레노라 브리지Eleonora Brizi가 큐레이팅한 전시 중 일부로 아리움 Arium 메타버스의 크립토 아트 미술관The Museum of Crypto Art에 기증되었다. 해카타오와 크리스티의 프로젝트는 1480년경 다 빈치가 창조했던 곰이 해카타오에 의해 메타버스에서 다시 생명을 얻어 새롭게 탄생했다는 점에서 의미가 있다. 항상 실험적인 정신으로 세상을 바라본 다 빈치가 탐구하는 예술의 정신이 이 것이 아니었을까?

또한 2021년 9월에 크리스티 홍콩은 '노 타임 라이크 프레젠트No Time Like Present' 온라인 경매에서 아시아 최초로 NFT 미술을 소개했다. 중화권 유명 배우이자 미술품 수집가인 위원러余文樂의 소장품과 시계, NFT 작품 등 32점으로 구성된 온라인 경

레오나르도 다 빈치, 〈곰의 머리〉, 1480년대, 종이에 은필, 7x7cm

해카타오, 〈해카타오의 곰〉의 디지털 이미지, 2021

매로 9월 17일부터 28일까지 입찰을 받았다. NFT 미술의 주요 하이라이트 작품은 크립토펑크와 유가랩스^{Yuga Labs}의 BAYC, 그리고 크립토펑크의 개발자인 라바랩스의 신작 미비츠였다. 총 14점의 NFT 작품이 출품되어 1,233만 달러(한화 약 156억 원)에 모두 낙찰되었다. 당시 크리스티 온라인 경매의 총 낙찰액은 1,450만 달러(한화 약 183억 원)로, 국제 경매사의 아시아 온라인 경매 총액 중 최고가를 기록했다. 2021년 크리스티 경매에서 거래된 NFT 미술 작품 낙찰 총액은 1억 5천만 달러(한화 약 1,900억 원)로 집계된다.

이 경매의 하이라이트 작품은 추정가 1천만 홍콩 달러에서 1,800만 홍콩 달러에 출품된 조지 콘도^{George Condo}의 〈수녀와 신부^{Nun and Priest}〉(2007)였다. 놀랍게도 추정가 480만 홍콩 달러에서 680만 홍콩 달러에 출품된 크립토펑크 #9997(2017)이 추정가의 5배 이상인 3,385만 홍콩 달러(한화 약 54억 원)에 낙찰되며 콘도의 작품보다 높은 가격에 판매되는 기염을 토했다.[6]

크리스티의 온라인 경매 결과는 NFT에 대한 미술 시장과 밀레니얼 세대의 관심을 증명한다. 팬데믹 시대에 새로운 세대의 미술과 고객을 지속적으로 찾는 경매사들은 누구보다 열렬히 NFT 미술을 지지하고 있다. 미술 시장을 이끄는 양대 경매 회사가 공식적으로 NFT 미술에 자산으로서의 정당성을 부여하고, 경매에 출품 가능한 동시대 미술 작품으로 인정한 것은 큰 의미가 있다. 이로써 일부 특정인의 전유물처럼 거래되던 NFT 미술은 새로운 시장의 주역으로 떠오르게 되었다. 또한 대중화에 한걸음 다가섰고, 미술 시장에서도 공식적인 가치를 인정받게 된 것이다. 하지만 초기 단계인 NFT 미술 시장은 변동성이 크며 크립토 시장, 즉 암호 화폐의 가치와 밀접하게 연결되어 있음을 염두에 두어야 한다.

2. NFT 미술 작품: 크립토펑크

    NFT 미술의 시장 가치를 논하기 위해서는 NFT 미술 작품에 대한 이해가 필수적이다. 먼저 NFT 미술 작품을 대표하는 크립토펑크를 살펴보자. 크립토펑크는 NFT 역사에서 중요한 부분을 차지하는 초기 프로젝트 중 하나로, 컬렉터블과 예술의 경계에 있다. 사실 크립토펑크는 컬렉터블로 시작된 프로젝트다. NFT 산업을 구분할 때는 컬렉터블로 분류되지만 그 예술성이 중요시되어 NFT 미술로 정의되기도 한다. 크리스티에서는 '21세기 이브닝 세일'에 동시대를 대표하는 현대 미술 작품과 함께 경매되지 않았는가.

    크립토펑크는 2017년 태동한 최초의 이더리움 기반 프로젝트다. 또한 크립토 아트 운동의 중심에 있는 대표적인 NFT 미술이자 디지털 아트와 컬렉터블을 지원하는 ERC721 표준 기술의 개발에 직접적인 영감이 되어 오늘날 NFT 시장의 토대를 마련한 성공적인 모델이다. 크립토펑크 프로젝트는 디지털 아트 시장의 패러다임을 바꾼 모델이자 소유권이라는 개념 자체에 대한 도전을 성공적으로 이뤄 냈다는 점에서 높이 평가된다. 또한 세상에 오직 1만 개의 각기 다른 매력의 펑크만 존재하기 때문에 희소성의 가치가 높다. 크리스티 경매에서 디지털 아트를 담당하고 있는 동시대 미술 스페셜리스트 노아 데이비스Noah Davis는 크립토펑크를 '크립토 아트 운동의 알파와 오메가'로 평가하며 중요성을 강조한다.7 크립토펑크가 성공적으로 시장에 안착한 최초의 NFT 프로젝트로 크립토 시장을 대표하는 역사성을 지녔기 때문이다.

2017년 6월 뉴욕 기반의 소프트웨어 개발사인 라바랩스의 대표 존 왓킨슨과 매트 홀Matt Hall은 독창적인 NFT 프로젝트를 시도하고자 1만 개의 가로·세로 24x24, 8비트 픽셀 이미지의 펑크 캐릭터를 소프트웨어 프로그램으로 창조했다. 왓킨슨과 홀은 1970년 런던 펑크 운동을 기본 미학으로 삼아 비순응적인 펑크 이미지를 통해 초기 블록체인 운동의 반체제적인 정신을 투영하고자 했다. 이들의 펑크 이미지는 영화《블레이드 러너》와 윌리엄 깁슨의 소설『뉴로맨서』에서도 큰 영향을 받았다. 알고리즘을 통해 다양한 특성이 무작위로 조합되어 만들어진 각 펑크는 모두가 독특한 개성을 지녔으며 고유의 희소성이 있다. 모든 펑크는 서로 다른 외모, 성격, 의상, 스타일, 헤어, 액세서리 등의 속성을 지니고 있다. 그리고 희귀한 아이템 또는 특징을 지니고 있을수록 그 가치가 높아진다. 라바랩스 사이트에서 자유롭게 모든 펑크를 감상하고 사본 이미지를 저장할 수 있지만, 원본은 오직 한 사람만이 소유할 수 있다. 모든 펑크는 고유한 자신만의 페이지가 있어 각각의 기능과 전체 거래 내역을 자세히 공개하고 있다.

1만 개의 펑크 중 대부분은 사람이고, 88개는 좀비Zombi, 24개는 원숭이Ape, 외계인Alien 등이다. 남자 6,039개, 여자 3,840개, 립스틱을 바른 펑크 696개, 3D 안경을 쓴 펑크 286개, 장밋빛 볼의 펑크 128개, 양 갈래 머리 펑크 94개, 비니를 쓴 펑크 44개, 초커를 착용한 펑크 48개, 펑크 머리와 모자를 쓴 펑크 95개 등 개성 있고 다양한 펑크들이 탄생했다. 또한 독특한 특징이 전혀 없는 펑크Genesis Punk가 8개 있으며, 7가지 특징(큰 턱수염과 점, 뻐드렁니가 있고, 모자, 귀걸이, 선글라스를 장착하고 담배를 피움)을 동시에 지닌 1개의 펑크가 있다(CryptoPunk #8348). 3가지의 특징을 동시에 갖춘 펑크가 4,501개로 가장 보편적이다.

다양성의 핵심은 각 캐릭터의 고유성이다. 자율적인 컴퓨터 시스템으로 창작된 예술인 제너러티브 아트의 장점은 일정한 프로세스 설정 후 그 프로세스가 작동하면 개발자도 놀랄 정도의 결과를 생성해 낸다는 것이다. 크립토펑크는 수백 번의 프로세스를 실행 후 검토와 조정 단계를 거쳐 창조되어 이더리움 스마트 계약에 연결되면서 영구적으로 불변하는 고유한 펑크로 탄생되었다.

크립토펑크 프로젝트 초기에 이더리움 지갑을 보유한 사람은 누구나 무료로 9천 개의 펑크를 소유할 수 있었고, 오직 1천 개만 개발자 소유로 남겨 두었다. 초기에는 조용하던 펑크 시장은 미국의 IT 전문 매체 '매셔블Mashable'의 펑크에 대한 긍정적인 입장 발표 이후 2차 시장까지 확대되었다. 거래 금액도 수백 달러에서 수억 달러로 상승했다. 2022년 4월을 기준으로 크립토펑크의 총 거래액은 19억 8천만 달러(한화 약 2조 5천억 원)다. 이로써 크립토펑크는 NFT 게임 엑시 인피니티에 이어 두 번째로 매출 10억 달러를 달성한 NFT 프로젝트가 되었다.[8] 2021년 7월 크립토펑크의 월 거래량이 급격히 상승하면서 일주일 만에 180만 달러(한화 약 22억 원)에서 4,150만 달러(한화 약 525억 원)로 상승했으며, 8월에는 총 거래량이 비자VISA의 크립토펑크 구매에 영향을 받아 716% 증가했다.[9]

2021년 미술품 경매 시장에서 대표적인 크립토펑크 거래 내역을 살펴보자. 앞서 상술한 바와 같이 5월 크리스티에서 9개의 크립토펑크 컬렉션이 추정가의 두 배인 1,700만 달러(한화 약 215억 원)에 낙찰되었다. 이 경매는 크립토펑크라는 NFT 작품을 크리스티의 전통적인 '21세기 이브닝 세일 경매'에 동시대 현대 미술 작품과 나란히 출품시켰다는 데 큰 의의가 있다. 이후 6월 혜성처럼 경매 시장에 등장한 크립토펑크는 소더비에서 마스크를 착용한 희귀한 코로나 에일리언 펑크가 1,180만 달러(한화 약 149억 원)에 낙찰되며 미술 시장과 크립토 시장을 놀라게 했다.

소더비는 7월에 조금 더 독특한 경매를 진행했다. 최초로 종이에 인쇄된 크립토펑크를 경매에 출품했다. 2018년 라바랩스는 크립토펑크의 상징이 될 유일무이하고 독특한 프로젝트를 진행했다. 1만 개의 오리지널 크립토펑크 중 24개를 석판화로 인쇄하여 물리적으로 상징적인 NFT 작품을 제작한 것이다. 크립토펑크 개발자인 존 왓킨슨이 직접 서명한 24점의 석판화 각각에는 '종이 지갑paper wallet'이라 불리는 개인 열쇠가 들어 있고, 이 봉투를 여는 동시에 크립토펑크의 소유권이 부여된다. 소더비 경매에 출품된 5점의 작품은 모두 스위스 큐레이터이자 디지털 아트 전문가인 게오르그 박Georg Bak이 준비했다.10 출품된 5점 모두가 20만 달러(한화 약 2억 5천만 원)에서 31만 달러(한화 약 4억 원) 사이로 낙찰되었으며, 총 117만 4,200달러(한화 약 14억 원)의 결과를 달성했다. 기존의 미술 애호가들이 좀 더 쉽게 NFT 미술에 다가갈 수 있도록 기획된 경매라고 평가받는다.

전통적인 미술 구매자에게 NFT 미술은 새롭고 낯선 장르라 작품 수집에 진입 자체가 어려울 수 있다. 따라서 디지털 이미지보다는 실제로 존재하는 작품을 보고 느낄 수 있는 기회를 제공하여 일탈적이며 펑크적인 정신에서 영감을 받은 크립토펑크를 소개하고, NFT 미술이라는 새로운 혁신의 흐름에 동참하게 하는 것이다. 디지털 미술 세계와 전통 미술 세계 사이의 다리 역할을 하고자 한 소더비의 노력은 헛되지 않았다.

2021년 가상 자산 결제 지원에 나선 비자가 NFT 거래 역시 적극적으로 지원할 뜻을 밝히며 그 첫걸음으로 크립토펑크 #7610(2017)을 15만 달러(한화 약 1억 9천만 원)에 구매했다. 비자가 선택한 크립토펑크는 모호크 머리를 한 여성형으로 녹색 눈 화장에 빨간 립스틱을 발랐다. 크립토펑크가 NFT를 대표하는 역사성이 깊은 프로젝트이긴 하지만 국제적으로 위상이 높은 경매사에서 연달아 출품되며 성공적으로 낙찰된 결과가 비자의 선택에 큰 영향을 끼쳤으리라 본다. 비자의 크립토펑크 구매가 공식화된 후 90여 개의 크립토펑크가 시장에서 판매되었으며, 약 2천만 달러의 매출이 신장했다. 글로벌 결제 기업인 비자의 크립토펑크 구매는 국제적인 주목을 받았다. 이는 비자와 같은 공신력 있는 국제적 기업의 본격적인 NFT 시장으로의 진입을 알리는 공식 선언이다. 동시에 NFT 관련 사업을 활발히 추진하고 다양한 기업과의 협력을 통해 가상 자산 업계와 소비자 간의 다리 역할을 하겠다는 포부를 공식화한 상징이기 때문이다. 크립토펑크는 9월 크리스티 홍콩 경매에서 최초로 아시아 시장에도 소개되어 435만 달러(한화 약 55억 원)에 낙찰되었다.

크립토펑크를 소유하기엔 지금도 늦지 않았다. 누구나 블록체인을 기반으로 한 마켓플레이스에서 크립토펑크를 구매할 수 있다. 크립토펑크를 원하는 사람은 온라인상의 마켓을 통해서 상시 열리고 있는 경매에 입찰하거나, 펑크의 소유자에게 직접 구매할 수 있다. 라바랩스 웹사이트는 펑크의 배경색으로 구매 가능 여부를 표시하고 있다. 펑크의 배경색이 파란색이면 현재 구매 불가능, 배경색이 빨간색이면 소유자가 제시한 가격대로 직접 구매 가능, 배경색이 보라색일 경우 현재 응찰 가능하다는 표시다. 크립토펑크의 구매를 위해서는 가상 화폐를 필수로 보유하고 있어야 하며, 개인의 이더리움 계좌와 연결해 주는 메타마스크Metamask, 경매 응찰을 도와주는 디스코드 챗Discord Chat 같은 프로그램이 반드시 필요하다. 2022년 4월 12일 기준, 현재 개인이 구매할 수 있는 최저 금액의 크립토펑크는 59.95ETH, 즉 181,455달러(한화 약 2억 2천만 원)의 크립토펑크 #1917이다.

크립토펑크는 각각의 펑크가 한 점의 NFT 미술이 될 수 있고, 1만 개가 다 모인 전체의 프로젝트 자체를 큰 개념적 NFT 미술로 생각할 수도 있다. 크립토펑크의 중요성은 소유권을 기록하고 거래하기 위한 독립적인 메커니즘을 갖춘 최초의 예술 작품이라는 것이다. 또한 크립토펑크를 트레이딩 카드와 같은 컬렉터블로 보는 시각도 존재하고, 다른 한편으로는 동시대 현대 미술의 뒤를 잇는 혁신적인 NFT 미술로 받아들여 흥미롭게 그 행보를 관찰하기도 한다. 특정한 하나의 유형으로 정의되지 않고 다양한 해석을 가능하게 하는 크립토펑크의 유연성이 가상과 현실의 세계를 넘나들게 하고, 그 두 세계를 NFT 미술이라는 하나의 프로젝트로 통합하여 열광하게 만드는 주요 요인이 아닐까.

3. 미술 시장 속 NFT 미술의 가치

　새로운 시대의 예술인 NFT 미술이 현대 미술 시장에서 전통적인 미술과 어떻게 다른 가치를 지니는지도 살펴보자. NFT 미술은 2020년 후반에 이르러서야 시장의 주목을 받기 시작했다. 대중적인 주목을 받게 된 시점은 2021년이니 불과 몇 달 사이 미술 시장에서 NFT 미술이 새로운 트렌드로 받아들여지기 시작한 것이다. 그 중심에는 소더비와 크리스티라는 대형 경매사가 있었다. 미술품 경매는 각 시대에 따라 그 역할을 변화시키며 미술 시장의 확산과 발전에 기여해 왔다. 특히 특정 미술 양식의 성장과 전개에 큰 영향을 미쳤다. 미술 사조의 시장 확립에 영향을 끼침으로써 사회적으로 인정받지 못했거나 발굴되지 않았던 새로운 양식의 미술에 대한 대중의 관심을 이끌어 내고 시장의 활성화에 기여해 왔다.

　미술품 경매를 통해서 판매되는 작품은 단순히 물리적으로 유통되는 것을 넘어서 사회적 관심 속에서 다시 한 번 대중의 평가를 받게 된다. 이러한 과정은 새로운 미술 양식의 탄생과 발전이 단지 예술가와 비평가, 갤러리, 미술관에 의하여 형성되는 것이 아니라 예술가와 구매자, 그리고 시장이 주도하는 것임을 나타낸다.

이러한 관점에서 본다면 NFT 미술은 비교적 순탄한 출발점에 서 있다. 마치 중국 동시대 미술 시장이 2007년 모두의 우려 속에서 경매와 함께 성장한 것처럼 말이다. NFT 미술이 예술의 본질적 의미를 잃지 않고 꾸준히 성장해 나간다면, 더불어 경매사와 수집가 외 미술 시장의 다양한 주체들(갤러리, 미술관, 큐레이터, 비평가, 딜러)의 상호 작용을 성공적으로 이끌어 낼 수 있다면, 그 가치는 더욱 상승할 것이다. 이를 바탕으로 NFT 미술은 첫째, 새로운 장르와 새로운 고객층이라는 두 가지 측면으로 미술 시장의 저변을 확대하고 있다. 둘째, 창작자의 권한이 강화되며 소비자와 깊은 교류를 가능하게 한다. 셋째, 커뮤니티라는 새로운 환경을 창조한다. 넷째, 작품의 진위 여부와 출처 provenance를 확실히 할 수 있다.

▎ 미술 시장의 저변 확대

NFT 미술은 미술 시장의 저변을 새로운 장르와 새로운 고객층이라는 두 가지 측면에서 확대한다는 점에서 의의가 있다. 미술의 장르적인 측면에서는, 주류 미술 시장에서 잘 다뤄지지 않았던 디지털 아트가 활발하게 거래되면서 시장이 기존보다 확장되어 가고 있음을 알 수 있다. 디지털 아트란 단지 디지털 파일로 저장되어 있는 작품이 아니라 가상 공간인 디지털 생태계에서 창조된 작품이다. 특히 디지털 아트는 미술품 경매에서는 그 특성상 다뤄지기 힘들었던 분야다. NFT 미술이 소더비와 크리스티 경매에 출품되어 성공적인 결과로 낙찰되는 현상은 각 시대별로 미술 시장이 새로운 양식의 미술에 대한 관심을 유도하고 시장의 활성화에 중대한 역할을 수행해 온 과거의 발자취를 따르는 일이다. 21세기에 뜻하지 않았던 코로나19 팬데믹으로 전 세계는 디지털로의 대전환이라는 혁명적 변화를 반강제적으로 마주하게 되었다. 그리고 전통적인 미술 시장도 이에 맞는 돌파구를 찾아 나가는 과정이었으며 NFT 미술은 혁신적 발견이었다.

NFT 미술은 미술 시장에 새로운 구매자층을 유입시킨다는 점에서 시장의 저변을 확장시키고 있다. NFT 미술 시장은 새로운 기회와 가능성이 열려 있는 시장이다.

NFT 미술의 수집가는 기존 전통 미술 시장의 수집가와는 전혀 다른 유형의 구매자층으로 구성되어 있다. NFT 시장은 크립토 시장과 밀접하게 연결되어 성장한 분야다. 2020년 이전에는 일부 테크족과 가상 화폐 관계자만이 NFT 생태계를 정확히

인지하고 있었으며 그들만이 NFT 미술 작품을 거래했다. 하지만 2020년 대형 경매사의 NFT 작품 유통을 시작으로 기존 크립토 시장의 수집가가 전통적인 미술 시장으로 유입되기 시작했다. 그런데 이들은 NFT 작품 구매에만 그치지 않고 동시대 현대 미술품까지 구입하고 있다.

일례로 2021년 3월 크리스티에서 진행되었던 비플 경매에서 40명 이상의 응찰자 중 오직 3명만이 기존의 크리스티 고객이었고 그 외는 모두 신규 고객이었다. 또한 비플 작품 경매 응찰 경쟁에서 메타코반에게 패한 응찰자인 저스틴 선Justin Sun은 NFT 미술 작품 대신 피카소의 〈목걸이를 차고 누워 있는 나체의 여인(마리테레즈)Femme nue Couchée au collier(Marie-Thérèse)〉(1932)과 앤디 워홀의 〈3개의 자화상Three Self Portraits〉(1986)을 크리스티 런던 경매에서 구입했다.11 30대의 가상 화폐 재벌이자 암호 화폐 트론Tron의 창시자인 선이 구매한 피카소의 작품은 2천만 달러(한화 약 253억 원)로, 당시 경매에서 판매된 작품들 가운데 두 번째로 비싼 작품이었다.

미술품 경매 시장에서 고액의 작품을 구매하는 수집가는 대부분 미리 예정되어 있으며, VIP 고객에 대한 사전 관리도 철저히 진행된다. 경매사에서 각 경매의 대표작을 위한 사전 작업을 진행하기 때문이다. NFT 수집가가 고액의 현대 미술 작품을 구매한 것은 크리스티로서도 예상 밖의 일이었다. 크리스티가 NFT

미술을 경매에 최초로 출품시키며 희망했던 NFT 시장과 전통 미술 시장 간의 성공적인 크로스오버가 결실을 맺고 있다고도 볼 수 있다.[12] 이처럼 NFT 미술 수집가가 전통 미술 작품을 구매하고, 기존의 전통 미술을 구입하던 수집가층이 동시대 미술 시장에서 새로운 분야로 떠오른 NFT 미술을 수집하게 되면서 미술 시장의 저변은 점차 확장되고 성장할 것으로 분석된다.

▎ 창작자와 소비자의 주체성 강화

NFT의 근본이 되는 블록체인의 원리와 철학은 탈중앙화다. 기존의 중앙 집권 조직에서 벗어나 재화나 콘텐츠를 실제로 창조하고 사용하는 창작자나 소비자와 같은 생산과 소비의 주체가 사회 경제적 활동의 중심에 서야 한다는 것이다. 이와 같은 근본적 사고를 바탕으로 발전하는 NFT 미술이 기존의 미술과 차별화되는 가치는 2차 시장에서의 재판매에 대한 로열티가 영구적으로 자동 정산되도록 창작자가 본인의 작품에 기술적인 계약을 설정할 수 있다는 점이다.

실물 작품의 재판매에 대한 로열티를 자동 정산되도록 하는 것은 매우 어려운 일이다. 어느 시기에 누가 어디에서 작품을 거래하는지 매번 추적하는 것이 불가능하기 때문이다. 하지만 '스마트 계약'이라는 블록체인 기술에 기반한 NFT 미술에서는 창작자가 NFT 미술을 제작할 때 직접 설정할 수 있다. 또 한 번 설정한 이후에는 로열티 수취가 자동으로 이루어지므로 이후의 거래를 추적할 필요가 없다. 보통 재판매 로열티는 판매 금액의 10%로 설정한다. 또한 실물 작품과 달리 NFT 미술은 작품에 대한 소유권이 구매자에게 넘어간 이후에도 언제든지 작품을 접할 수 있다는 점에서 창작가와 작품의 유대감이 지속된다. 물리적인 미술 작품의 경우, 작품 판매 이후 그 소유권이 구매자에게 넘어가면서 작가는 작품을 다시 접하기 힘들어진다. 갤러리나 화상을 거치거나 직접 구매자를 알고 있다고 해도 물리적인 시간과 장소를 정해서 작품을 대면하기 쉽지 않다.

하지만 NFT 미술의 경우 작가는 판매 이후에도 언제든지 자신의 작품을 다시 접할 수 있고, 작품 거래 시에도 특정한 유통 경로 없이 직접 구매자에게 판매한 후 즉시 소비자의 반응을 볼 수 있다. 관객과 직접적으로 소통할 수 있는 경로를 통하여 창작자와 소비자의 관계는 더욱 깊어진다. 창작자는 소셜 미디어상에서 구매자에게 직접적인 감사 인사를 전하며 지속적으로 소통하고, 이러한 유대감은 창작자에게 열정과 의지를 부여하며 시장 내에서도 독립적인 권한을 행사할 수 있게 한다.

┃ 커뮤니티 구축

기존의 미술 시장에서 찾을 수 없었던 NFT 미술의 가치는 커뮤니티라는 새로운 환경을 창조한다는 것이다. NFT 미술이 컬렉터블이라는 분야를 아우르기 때문이기도 하며, 소셜 네트워크를 통해서 지속적으로 공유되는 NFT 미술의 특성 때문이기도 하다. 트위터나 인스타그램을 통해 활발히 공유되는 NFT 미술은 소셜 캐피털의 속성을 지니고 있다. 소셜 미디어 사용자가 네트워크 효과를 통해 얻는 사회적 지위인 소셜 캐피털 속성을 지녔기 때문에 NFT 미술을 과시용 도구로 사용할 수 있다. 이를 통해 초기 단계의 NFT 미술 프로젝트 커뮤니티 일원임을 과시하면서 서로가 그 커뮤니티의 일원임을 확인하며 소속감과 자부심을 느끼게 된다. 예를 들어 크립토펑크의 경우 전 세계에서 오직 1만 명만이 펑크를 소유할 수 있으므로 새로운 개념의 결속력이 생성되고 단단한 커뮤니티로 발전한다.

이와 더불어 창작자가 구매자와 NFT 미술을 통해 더욱 깊은 정서적 교감을 나눌 수 있는 환경이 조성되면서 각 NFT 미술을 둘러싼 커뮤니티가 생성된다. 이를테면 크립토펑크에서 영감받아 제작된 NFT 미술 해시마스크Hashmasks 프로젝트는 해시마스크를 구매하면 수집가가 NCT Name Change Tokens를 수여받아 해시마스크의 이름을 직접 지을 수 있다. 작품의 이름은 해시마스크의 회소성을 결정하는 중요한 요소 중 하나로 작용하여 가격 상승에 영향을 끼친다. 수집가 공식적으로 미술 작품의 공동 창작자가 되고, 또 수집가가 관여한 부분이 작품의 가치에 직접적인 영향을 주는 것은 혁신적인 변화다. 해시마스크 수집가는 작품에 직접적으로 관여하며 돈독한 커뮤니티를 형성하고 지속적으로 교류한다. 해시마스크 창작자는 커뮤니티를 위해 작품에 예상 밖의 퍼즐 요소를 숨겨 두어 구매자에게 지속적인 재미를 선사한다.

또한 라바랩스는 크립토펑크 이후 새로 출시한 미비츠가 시장에 나왔을 때 크립토펑크를 이미 소유하고 있는 커뮤니티에게만 총 2만 개의 미비츠 중 일부를 무료로 민팅할 수 있는 단독권을 선물하기도 했다. 소더비에서 성공적인 단독 경매를 진행한 NFT 예술가 팍 또한 〈대체 불가능한 것들〉 경매 기간 동안 '리저브드'라는 세일을 따로 진행했는데, NFT 생태계의 특정 기준을 충족하는 개인을 위한 커뮤니티를 위해 특정 NFT 작품을 따로 분류했다. 이렇게 결집력이 강한 커뮤니티 환경은 기존의 미술 시장에서는 볼 수 없었던 새로운 전례다. NFT 미술이 판매되는 방식이나 창작자와 수집가가 소통하는 과정과 관련하여 다양한 혁신적 면모를 보여 준다. NFT 미술을 통한 커뮤니티의 형성과 발전이 디지털 아트만의 독특한 소통 방식을 전해 주며 미술 시장의 혁신을 구축할 수 있다.

▍ 작품의 진위와 출처

NFT 미술이 전통적 미술 작품보다 가장 진화된 부분은 작품의 진위 여부와 출처에 대한 정확성이다. NFT 미술의 가치를 논하기 위해서는 '디지털 소유권'의 개념에 대한 이해가 필수다. 거듭 정의된 바와 같이 NFT는 각기 다른 고유성을 지닌 상호 대체가 불가능한 토큰, 즉 블록체인상에 저장된 디지털 파일로 삭제나 위조가 불가능하다. 따라서 해당 자산에 대한 소유권 증명서certificate of ownership이자 원본 인증서certificate of authenticity로 인정된다. NFT는 단순한 디지털 콘텐츠가 아닌 그 콘텐츠에 대한 소유권까지 포함하는 개념이다. 이러한 이원적 개념 정의는 NFT가 기술적 구조를 바탕으로 미디어 파일과 그 파일의 고유성을 표식하는 고유 식별자token identifier, 파일의 속성, 즉 작품명, 작품 내역, 계약 조건, 미디어 링크 등을 설명하는 메타데이터metadata로 구성되어 있기 때문이다. 무한 복제가 가능한 디지털 아트 영역에 NFT를 통하여 희소성의 가치를 부여할 수 있게 된 것은 21세기가 이루어 낸 큰 혁신 중 한 가지로 평가된다.

실물이 존재하는 예술 작품의 경우 원본과 복제품의 구분이 가능하고 이에 따른 가치가 생성될 수 있지만 디지털 작품의 경우에는 이 경계선이 불분명하다. 디지털 예술가가 창조한 한 점의 디지털 작품은 생산 비용이나 품질의 저하 없이 무한 복제가 가능하며 디지털 영역에서 누구나 자유롭게 소유할 수 있다. 따라서 원작자가 작품에 대한 소유권을 증명할 수도, 작품의 희소성도 없다. 너무나 쉽게 원본과 상호 대체될 수 있는 복제품이 수없이 존재하기 때문에 디지털 작품에 대한 가치 부여가 불가능해진다. 하지만 인터넷 역사상 최초로 등장한 디지털 원본의 개념인 NFT로 디지털 소유권에 대한 새로운 개념이 정립되었고, 이로 인하여 디지털 작품의 원본 증명과 더불어 판매와 유통 경로에 대한 추적까지 가능해졌다.

일례로 크립토펑크를 살펴보자. 라바랩스 사이트는 창조된 모든 크립토펑크에 대한 정보를 자세히 제공한다. 마치 실물 작품의 카탈로그 레조네catalogue raisonné처럼 말이다. 카탈로그 레조네를 만드는 작업은 매우 복잡하고 어렵다. 한 작가의 평생에 걸친 작품 세계를 위해 작품 자체에 따른 정보뿐 아니라 전시 이력, 소장자, 제작 배경, 작품이 수록된 도서나 카탈로그 목록, 손상 및 보수 유무 기록, 작가의 서명 유무까지 정확히 기록해야 하기 때문에 전 세계에 판매된 작품을 수소문해서 찾아야 하고 다양한 관계자의 증언과 자료를 참고해야 한다.

NFT 미술은 다르다. 작가가 창조하는 즉시 작품 자체는 물론이고 이와 관련된 모든 정보가 블록체인에 저장된다. 거래될 때마다 그 구매자가 누구인지, 날짜와 가격, 현재 이 작품의 거래 상황, 전체 매출의 총 가치, 판매 수량, 하루, 한 주, 한 달의 매출액, 현재 구매 가능한 최저가의 작품 또한 모두 정확하게 기록된다. NFT 미술은 디지털 작품의 원본 증명과 더불어 판매와 유통 경로에 대한 추적까지 가능해지며 기존의 미술 시장 또한 한 발자국 진화할 수 있는 초석을 마련했다.

4. NFT 미술 시장에 대한 다양한 시각

　NFT 미술 시장을 부정적으로 바라보는 시각도 있다. 생존한 예술가 중 경매 최고가 기록을 보유하고 있는 데이비드 호크니는 2021년 4월, NFT 현상에 대하여 '국제적 사기'이며 비플의 작품 또한 이해할 수 없다고 지적했다. 블록체인 기술에 대한 배경지식이 없는 호크니는 컴퓨터 안에서 많은 것이 사라질 수 있다고 믿고 있으며, NFT 또한 실제로 존재하지 않기 때문에 이해할 수 없다고 주장한다.[13] 국제적 예술품 투자 회사 마스터워크Masterworks의 대표 스콧 린Scott Lynn은 NFT를 예술에 대한 열정이라기보다는 암호 화폐의 연장선으로 본다. 또한 디지털 아트 작품에 대한 정확한 지적재산권이 존재하기 않기 때문에 NFT 미술을 투자로 인정하지 않는다고 지적했다. 〈모나리자〉 같은 실물이 존재하는 작품은 진정한 희소성을 지니는 반면, NFT는 인위적인 희소성을 창조한다는 것이다.[14]

　2021년 9월, 중국 관영 『증권 타임스Securities Times』는 NFT

거래의 거품을 지적하며 대다수의 NFT 작품 구매자가 작품의 미적 가치보다는 금전적 자산 가치에만 집중하기 때문에 과열된 시장의 분위기와 NFT에 대한 과대광고가 식으면 그 가치가 크게 하락할 것임을 경고했다.[15] 알리바바나 텐센트 등 중국의 대형 기업이 NFT 기술을 추구하고 있는 가운데 중국 공산당 기관지 『인민일보』의 자매지인 『증권 타임스』가 NFT의 거품에 대한 경고를 보도한 것은 주목할 만한 일이다. 그동안 중국 당국은 가상 자산 거래와 채굴에 대해서만 강력히 규제해 왔는데, 이번 경고가 NFT 시장에 대한 규제로 이어질 것인가에 대해 관심이 집중되고 있다.

또한 오로지 예술적 관점에서 NFT 미술을 실물 작품과 분리하여 오직 디지털 생태계에서 창조된 디지털 작품으로 그 가치를 평가해야 하는지, 실물 작품을 NFT로 전환할 경우 그 가치는 어떻게 평가해야 하는지, 실물 작품과 NFT가 페어링될 경우 블록체인 기술이 제공하는 진위 여부와 출처 외의 다른 예술적 가치가 부여되는지 등 다양한 쟁점이 대두된다. 이처럼 현재까지 신기술인 NFT 미술에 대한 명확한 이해나 법적 규정이 없기 때문에 저작권과 소유권 문제 등을 비롯한 법적 문제, 블록체인 기술과 관련한 기술적 문제와 환경 문제 등도 지속적인 논의가 필요하다.

NFT 미술은 분명 새롭고 복잡한, 다소 이해할 수 없는 세계

NFT, 처음 만나는 세계

다. 하지만 모든 신생 시장이 그렇듯 현재 다소 불안한 모습을 하고 있더라도 현실과 가상의 세계를 넘나드는 새로운 혁신임에는 틀림없으며 미술 시장의 발전에 기여할 것이다. 아직도 종이책을 읽어야 하는 이들에게 사실 NFT 미술은 이해하기 힘든 세계다. 하지만 팍의 끊임없이 돌아가는 〈더 스위치The Switch〉를 무한히 바라보며 그가 추구하는 새로운 의미의 가치는 무엇인지, NFT 미술이 어떻게 미술 시장을 새롭게 변화시킬 수 있을지, 세상에 하나뿐인 3D 렌더링의 순간을 소유하는 기분이 어떤 것일지 상상한다.

5장

예술, 기술, 존재:

NFT 미술에 대한 미학적 사유

정현(미술비평가, 인하대학교 조형예술학과 교수)

"복제 인간의 문제점은 감정의 경력이 없다는 거지.

오랫동안 쌓여 온 과거가 없기 때문이야."

– 영화 《블레이드 러너》 중에서 타이렐 사 회장의 말

1. 기술과 예술

그리스어로 테크네techne는 기술과 예술을 아우르는 단어로, 라틴어로 예술ars로 번역되었다. 어원적으로만 본다면 예술과 기술은 뿌리가 같다. 실존주의 철학자 하이데거는 이 단어에 하나의 의미를 추가하는데, 바로 진리라는 의미다. 그렇다면 예술과 기술이 어떻게 진리를 구한다는 것인지를 파악해야 한다. 요컨대 하이데거가 말하는 예술은 창작 행위가 아니라 진리에 다가가는 실천이었다. 그리고 예술가의 실존은 자기 자신이 아닌 예술 작품을 통하여 제시된다.

그가 분석한 반 고흐의 낡은 신발을 통하여 사물을 넘어 존재의 의미를 떠올린 것이 좋은 예다. 반 고흐는 신발을 정확하게 묘사하는 대신 거친 붓질과 질료의 물성을 그대로 드러내었는데, 하이데거는 신발 그림을 통하여 사물이 아닌 사물의 '존재'를 발견했다. 신발이라는 사물은 신발을 만드는 기술에 의하여 탄생한다. 신발은 쓰임새를 목적으로 제작된 사물이다. 신발이 존재를 얻으려면 그 쓰임새가 실제로 이뤄져야만 가능하다. 미셸 푸코도 하이데거와 유사한 관점으로 마네가 새로운 길을 개척했다고 여겼다. 푸코는 마네가 착시 효과를 없애어 그림이 그려지는 화면의 물질성을 그대로 드러냈다는 점을 강조했다. 푸코는 르네상스의 재현 회화가 '감추기–은혜–착시–생략의 놀이'였고 마네가 '사각형의 표현, 커다란 수평축과 수직축, 캔버스를 비추는 실제 조명, 감상자가 그림을 이 방향 저 방향에서 바라볼 가능성'을 열어 주었다고 강조한다.

예술과 기술의 관계는 고정된 것이 아니다. 르네상스 미술의 시각 원리는 당시의 사회 구조, 정치, 종교, 역사와 관련되어 있으며 자동차를 위한 대로, 전광판과 상점, 가로등, 기차역과 같이 기술 문명에 의한 도시화가 인상주의의 맹아였음을 떠올려 보자. 마네의 그림에서도 이러한 당대의 문화와 기술을 감지할 수 있다. 무엇보다도 마네는 착시를 버리고 캔버스 천 위에 물감으로 그려진 것이 물질적 존재란 사실을 감추지 않았다. 다시 말해 예술에 있어서 단순히 대량 생산 또는 기계 장치에 의한 예술품 제작이라는 직접적인 영향보다도 오히려 삶의 조건, 인식적 변화, 새로운 문화의 등장과 같은 간접적 영향이야말로 더 큰 반향을 일으킬 수 있었다. 말 그대로 화가가 느끼는 감각들, 인공조명, 거울의 반사, 카바레의 공기와 같은 정서적 측면이 그림에 담긴다. 몸의 감각을 이용하여 세계를 인식하기 시작

NFT, 처음 만나는 세계

하면서 인상주의가 배태된 것이다.

　그렇다면 현재 우리의 현실은 어떠한가. 경쟁적으로 예술과 기술의 융복합을 요구하는 시대다. 비약적인 디지털 기술의 발전을 발판으로 팬데믹의 고립된 현실을 극복할 수 있는 대안으로서 가상 세계로의 이주가 부상하고 있다. 서로의 체온을 나눌 수 없는 시대. 동시대인은 이미 어느 정도 기계화된 신체로 진화했다. 스마트폰은 인간의 신체 정보를 수치화하여 구체적으로 전송한다. 신체를 감각하는 것과 수치화된 정보는 등가일까? 요컨대 방역 지침에 따른 QR 코드는 개인의 보건 상태를 보증하는 장치로 팬데믹을 방어할 최소한의 방어 장치와 다름없다. 그런데 이러한 정보가 나를 대신해 줄 수 있을까? 이러한 장치들은 어떤 관계로 이어질 수 있을까?

2. 원본성이란?

　영화 《블레이드 러너》(1982)는 인간과 안드로이드가 공생하는 미래의 디스토피아 세계를 무대로 펼쳐지는 이야기다. 영화의 큰 축은 세계를 지배하는 인간의 복제품인 안드로이드를 찾아 처단하는 은퇴 형사, 블레이드 러너 데커드가 자신의 정체성을 찾아가는 일종의 오디세이로 볼 수 있다. 결론적으로 데커드는 자신의 뿌리에 의구심을 갖게 되는데, 여기서 안드로이드는 인간을 보좌하는 성실한 인조인간이자 인간과 인정 투쟁을 벌이는 존재이기도 하다.

　진보한 기술 덕에 신형 레플리카는 자신이 안드로이드라는 사실을 인지하지 못한다. 데커드는 간단한 문답 형식을 이용하여 안드로이드의 정체를 밝히는 업으로 생계를 이어 간다. 중요한 건 신형 레플리카에게 타인의 기억을 저장한다는 설정이다. 안드로이드 자신은 저장된 기억을 자신의 것으로 알고 있지만 기억의 심급을 향하여 질문을 거듭하다 보면 완전한 공백의 지점에 도달하게 된다. 과연 답변하지 못한 레플리카는 인간이 아니기에 존재하지 않는 것일까?

앞서 살펴본 바와 같이 하이데거는 존재와 존재자를 분리하여 사유했다. 그는 서구 철학의 전통은 인간을 중심에 둔 존재론에 치우쳤다고 보았다. 인간은 애초부터 자신을 존재자로 여긴 것이다. 그러나 존재가 전제되어야만 존재자가 생성될 수 있다. 존재와 존재자의 관계 맺기는 인간 중심주의에서 벗어나 존재하는 모든 것, 동물, 사물에도 적용시킬 수 있다. 그렇다면 인간을 복제한 안드로이드는 존재하지만 고유하게 존재할 수 없는 것인가란 물음이 가능하다.

이 물음을 NFT에 적용해 보면 어떨까? 원본에 대한 공인된 복제본인 NFT는 무엇보다 유용한 암호화된 정보다. 시뮬라크르 simulacre(순간적으로 생성되었다가 사라지는 우주의 모든 사건 또는 자기 동일성이 없는 복제)와도 유사하지만 시뮬라크르는 원본성을 증명할 수 없다. 시뮬라크르는 현실보다도 더욱 현실 같은 상태를 뜻한다. 가상 세계에서 실재와 같은 느낌을 받는다거나 요즘 소셜 미디어를 장악하는 가상 인간도 여기에 속한다. 존재하지 않지만 실재보다도 더 생생한 느낌을 뜻한다. 인공 감미료를 넣은 음료나 일부러 낡게 만든 빈티지 가구도 해당된다. 그러니까 NFT는 시뮬라크르와는 어느 정도 거리가 있는 개념으로 보인다.

NFT는 그간 우리가 알고 있던 디지털 저장 기술과는 다른 계열에 속한 듯하다. 그것은 정보이자 증거이며 공증 서류면서 동시에 이미지, 사진, 영상, 소리나 음악일 수도 있다. 또는 문화 콘텐츠와 관련된 사물, 인물 등의 이미지로 제작된 카드와 같은 컬렉터블을 다루기도 한다. 여하튼 이 개념은 단순한 복제물에 그치지 않고 거래를 할 수 있는 자산이기도 하다. 시뮬라크르가 원본 없이 복제된 파생물이라면 NFT는 유일성을 인정받은 상징이나 표상에 더 가깝다. 기존의 미학적 기준을 적용하는 것도 쉽지 않다. 물론 유명 작가의 걸작을 NFT화하는 경우 컬렉터의 관심을 받고 거액으로 거래도 가능하지만, NFT의 존재는 기성 예술 시장의 전범을 그대로 반영할 것 같지는 않다. 어쩌면 선택적으로 전통적인 미술 시장의 장점과 NFT에 특화된 형태, 또는 메타버스에 익숙한 포스트 인터넷 세대가 공유하는 어떤 고유한 경향을 적용시킬 수도 있겠다. 이러한 현상이 동시대 미술의 새로운 장을 열어 줄지, 아니면 잠시 스쳐 지나가는 바람이 될지는 조금 더 지켜봐야 판단이 가능할 것 같다. 이 점이 중요하다. 따라서 현재를 이해하기 위하여 과거를 잠시 되돌아보는 것도 NFT의 미래를 예측하는 데 도움이 될 듯하다.

3. 아방가르드 모더니즘

20세기 초 유럽의 근대화는 삶의 형태를 송두리째 바꿔 버리는 국가적 차원의 프로젝트였다. 새로운 미래는 신이 아닌 과학 기술에 의하여 세워질 것이란 꿈은 현실이 되었다. 그렇게 테크놀로지는 새로운 종교에 버금가는 존재로 성장하게 된다. 급진적인 환경의 변화는 예술가들을 자극했다. 초현실주의는 문명의 속도와 인간적 삶 사이의 시차로 인한 공백을 작업의 주제로 다루었다. 삶과 신화가 공존하던 시대는 과거-현재-미래가 혼재했다. 그러나 테크놀로지의 시간은 과거를 허락하지 않고 미래만이 유일한 목적이 되어 버리고 만다. 모더니티는 신의 위치에 테크놀로지를 옮겨 놓으면서 시작되었다. 미래주의 미학은 인공적인 것, 전쟁 무기와 속도에 몰두했다. 음악을 해체하여 소음을 새로운 창작의 질료로 사용하고 고층 빌딩은 도시 속에 무채 계열의 리듬을 생성했다. 인간의 신체를 노동에서 해방시키려는 공학자들의 노력은 유기체로서의 삶보다 고정된 패턴의 반복을 통하여 생산성을 향상시키는 데 몰두한다. 그도 그럴 것이 19세기 말부터 유럽의 도시들은 계속되는 건설과 개발로 인한 소음과 먼지로 소란스러웠다. 게다가 두 번의 세계 전쟁은 기술에 대한 신뢰를 버리기에 충분했다. 전쟁의 화마는 삶의 터전을 송두리째 파괴했다. 몬드리안의 구성 회화처럼 도시는 무채와 유채의 패턴을 변주하면서 태피스트리를 직조하듯 조금씩 기하학으로 변해 갔다. 이러한 추상성은 미술이 현실을 재현할 의무에서 벗어나 예술가들이 자신의 내면에 집중하면서 더욱 두드러진다. 화가들은 현실의 소음에서 도피하여 자기 자신에 집중한다. 음악, 무용, 신체의 움직임, 의식의 흐름, 감정의 동요가 회화의 주제가 된다.

마르셀 뒤샹도 마찬가지였다. 〈계단을 내려오는 누드Nu descendant un escalier〉(1912)는 육중한 좌대에 서 있는 비너스가 아닌 움직이는 여신을 제안한다. 그것도 기계의 모습으로 말이다. 뒤샹은 예술가란 무언가를 끊임없이 만드는 수공예가와 다르지 않다고 여겼다. "예술가도 다른 사람과 똑같은 사람이다. 예술가는 무엇인가를 만들어야 하는 직업"이라며 예술가, 기술자, 장인을 동등한 위상에 위치시켰다. 그래서 뒤샹은 전문가와 비전문가를 분별하지 않았고 예술의 실천 방식이 무조건적으로 회화나 조각으로 수렴되는 관습으로부터 벗어나고자 했다. 기성품을 작품과 동등한 위상으로 이동시킨 레디메이드 개념도 예술의 위계, 허위에 찬 권위 의식을 타파하려는 시도였을 것이다. 나아가 예술계에 세습되던 권위 의식은 시나 문학이 회화보다 우월하다는 관념을 가지고 있었다. 그는 이러한 고정 관념을 넘어서기 위하여 언어, 문명, 문화, 심리, 욕망, 일상과 소비를 아우르는 지적인 방식의 미술, 그 잠재력을 깨우고자 했다.

발터 벤야민은 "다다이즘의 혁명적 강점은 예술을 그 진정성의 측면에서 검증해 보는 데 있었다. 다다이즘은 회화적 요소와 결합된 형태로 입장권, 실패 꾸러미, 담배꽁초 같은 것들로 정물화를 구성했다. 다다이즘은 이것들 전체를 한 액자 속에 집어넣었다. 그러고서 관람자에게 이렇게 말한다. 봐라, 너희들이 보는 그림 액자는 시간을 폭파하고 있다. 일상생활의 사소하기 짝이 없는 진실한 파편들이 회화보다도 더 많은 것을 말해 주고 있다. 마치 책갈피에 적혀 있는 살인자의 피 묻은 지문이 텍스트보다 더 많은 것을 말해 주고 있는 것처럼 말이다"라고 했다.

대량 생산된 사물, 인쇄물, 쓰레기를 예술의 틀 속에 집어넣은 다다이스트들의 도발은 예술의 가치와 의미가 무엇인지를 격렬하게 되묻고 있다. 회화라는 윤리적이고 형이상학적인 공간을 하찮고 흔한 사물로 더럽히는 행위는 예술을 부정하기 위함이라기보다 현실과 분리된 기성 예술에 대한 반항의 실천이었다. 발터 벤야민에게 사진은 단순히 새로운 매체가 아니었다. 그것은 계급의 차이를 극복할 수 있는 사회주의적 가치에 다가

가는 방법이었다. 기성 예술의 대안으로 그가 제안한 것은 바로 르포르타주reportage(사실에 관한 보고)였다. 벤야민은 사진 매체가 대상을 미화하거나 훼손하지 않고 객관적인 상태만을 보여 주기에 르포르타주 양식에 적합한 표현 방식으로 보았다. 이처럼 새로운 기술이란 과학적 성취에 머물지 않는다. 기술이 어떻게 인간의 삶을 바꾸었는지, 소통 방식의 변화가 타인과의 관계에 영향을 주었는지, 기술을 매개로 세계를 보는 인식의 차이가 나타났는지와 같은 다양한 변화의 양상을 파악할 수 있을 것이다.

뒤샹의 레디메이드 이후, 개념 미술과 포스트모더니즘을 거치면서 현대 미술은 불확실한 세계의 실재와 허구 사이에서 이미지와 철학을 접속하면서 새롭게 미술의 의미를 찾는 여정을 떠났다. 20세기 모더니즘 미술은 신화의 재현에서 벗어나 전통의 형식을 버리고 미술의 본질을 찾아 나섰다. 이렇듯 모더니티는 순수의 시대였다. 현실의 소음과 삶의 감각을 외면하면서 예술가는 스스로가 예술이 되고자 했다. 전술한 바와 같이 뒤샹은 우상주의를 염려했지만, 미디어를 기반으로 세워진 현대 사회는 쉴 틈 없이 우상을 탄생시키고 새로운 '이즘'이 쉼 없이 나타났다 사라지기를 반복하고 있다. 아날로그에서 디지털 문명이 지배할 미래를 예견한 건 1980년대 포스트모더니티가 현실로 다가올 것이라는 불안감이 절정에 달하던 즈음이었다. 1960년대 이후 과학 기술과 산업화의 영향은 한편에서는 미디어 매체를 통하여, 다른 한편에서는 상품과 소비를 통하여 사회·문화적 변화를 일으킨다. 에리히 프롬은 산업 자본주의로 문을 연 근대화에 대하여 "인간과 동물의 노동력을 기계 에너지가, 나중에는 핵에너지가 대신하고 인간의 두뇌를 컴퓨터가 대신하기까지 산업의 발달은 우리에게 확신을 심어 주었다. 우리는 무한한 생산과 아울러 소비의 도상에 있으며 과학과 기술에 힘입어서 우리 자신이 전지전능한 존재가 되리라는 확신 말이다"라고 짚어 내었다.

4. 물질과 비물질의 사이에서

1985년 파리 퐁피두 센터에서 열린 전시 《비물질Les Immatéri-aux》은 물질에서 비물질로, 아날로그에서 디지털로의 전환을 일상과 예술을 아울러 보여 준 선지적인 전시였다. 관람자들은 무선 헤드폰을 끼고 전시장을 돌아다녔고 상용화될 가정용 인터넷 기기를 체험하고 롤러스케이트를 타고 전시장을 횡단할 수도 있었다. 전시장은 기계, 사운드, 정보, 영상, 시뮬레이션 기술을 체험하는 테마파크를 연상시킬 정도였다. 《비물질》은 익숙한 감각을 기계적 정보로, 신체적 경험을 가상적 경험으로 전환했다. 실제로 전시는 예술의 변화뿐만 아니라 삶 전반에 영향을 줄 기술의 위력을 마치 박람회장처럼 다양한 방식으로 보여주었다.

전시장 내부에는 다섯 개의 디오라마 극장에서 배우 대신 조명 기계 장치가 환상적인 무대를 선보였다. 새로운 합성 물질도 소개되었다. 부드러우면서도 강도가 높은, 공기가 통하지

NFT, 처음 만나는 세계

만 비는 스며들지 않는 신소재는 산업, 의학, 일상의 변화를 일으키는 기제들일 것이다. 모니터에서는 노래를 부르는 남성의 애니메이션 클립이 반복 재생되었다. 라슬로 모호이너지Laszlo Moholy-Nagy는 기계 작동에 의해 회전하는 조각을, 루초 폰타나Lucio Fontana는 조명을 이용한 실험적인 회화를, 그리고 프랑수아 모를레François Morellet는 네온을 이용한 설치 작업을 제안했다. 특히 복사 기술은 인기가 많았다. 한때 제록스 아트Xerox art라는 용어가 등장할 정도였다. 투명한 상자 안에 복사기를 놓고 관람객들이 원하는 사물을 복사해 주는 퍼포먼스가 진행되었다. 전시는 상상의 영역이 현실이 되어 가는 근미래를 체험해 보는 기회를 주었다. 그러면서 미래의 모태matrice가 무엇인지를 질문하면서 앞으로는 지식, 정보, 기호, 메시지, 코드, 언어, 유전자를 주목하라고 알려 준다. 동시대인에게는 익숙한 용어들이다. 오늘날 복제는 외형만을 모사하는 기술이 아니다. 그렇다면 완벽한 복제는 원본을 대신할 수 있을까?

적어도 현대 미술의 역사에서 복제는 매우 중요한 미학적 쟁점이자 포스트모더니즘을 여는 단서로 작용한다. 포스트모더니즘 미술에서의 복제는 기성 문화에 대한 반항이자 발전이라는 이데올로기에 저항하면서 과거의 것과 현재의 것을 뒤섞고 안과 밖을 뒤집고 겉과 속의 차이를 제거한다. 물론 NFT 미술은 원본의 복제본뿐만 아니라 애초부터 디지털 작품으로 제작이 가능하다. 그러므로 NFT 미술의 원본성은 실제 미술 작품의 복제본과 오리지널 디지털 제작본 모두에 적용된다. 따라서 복제의 여부가 NFT 작품을 판단하는 절대적 기준이 아님을 밝힌다. 다만 디지털로 제작된 NFT 미술은 워홀의 작품에서의 복제 기술이 철학적 질문을 내포하는 것과는 구분되어야 할 것 같다. 앤디 워홀이 기존 인쇄물을 원본 삼아 실크스크린으로 대량 생산한 것은 무엇보다 산업 시스템을 미학적 방식으로 전유함으로써 엄격한 미술 체제에 반항하려는 목적을 가졌기 때문이다. 즉 개인적으로는 NFT 미술에서 복제라는 개념은 생성의 원리일 뿐, 미술로 이뤄진 세계를 향한 미학적 쟁점으로 판단하기 위해서는 앞으로의 행보를 살펴보아야 할 듯하다.

NFT 미술을 실제 작품의 시뮬라크르로 국한해서 본다면, 인터넷상에 떠도는 이미지의 복제물과 달리 대체 불가능한 블록체인 기술을 기반으로 원본성을 부여하기에 시각적 동일성에도 불구하고 공증받은 원본과 복제본의 차이가 발생한다. 전시의 개념도 생각해 보아야 한다. 현재는 메타버스에 입장하여 작품을 보거나 실제 전시장에서 디지털 디바이스를 사용하여 작품을 확인할 수 있다. 오늘날 작품을 감상하는 행위는 수동적인 의미 수용을 전제하지 않는다. 심지어 전시 감상의 방식으로 안무 개념을 적용한 예도 적지 않다. 즉 감상자가 작품을 보는 것에 그치지 않고 전시장을 하나의 무대처럼 사용하여 자유롭게 몸으로 그 느낌, 정서를 표출하는 방식이다. 이로써 전시 감상은 일방적인 수용이 아닌 작품, 공간, 행위자 및 환경과 현상학적으로 교감하는 시공간이 된다.

그렇다면 NFT 미술 전시를 메타버스에서 본다는 것은 또 다른 새로운 감각을 요구한다고 볼 수도 있겠다. 하지만 작품을 자신의 몸으로 감각하는 것은 대체될 수 없는 정동의 순간이다. 그렇다면 원본 작품과 이 원본성을 보증하는 대체 불가능한 토큰은 법적 차원에서는 등가이지만 미학적 경험의 차원에서는 분명한 오차가 발생할 수밖에 없다. 로마 시대에는 고대 그리스 조각 작품을 모작한 로마 조각이 원본을 대신하여 원본성이 부여된 공인된 복제물이라는 개념이 있었다고 한다.

고대 그리스 조각 작품을 둘러싼 원본과 복제본의 논쟁에서도 현대 미술에서 담론화되고 있는 '원본'에 대한 개념 자체가 고대인들의 관점에서 동일시할 수 없는 문제라는 사실을 염두에 두어야 한다. 서양 고전 조각에서 원본과 복제본 사이의 구별은 단순히 모작 또는 위작의 개념으로 해결될 수 있는 것이 아니라 하나의 작품과 그에 기반을 둔 파생 상품으로 확대되기 때문에 현대적 의미에서의 복제와 구별을 둘 필요가 있다. 조형 양식 연구에서도 아케익기, 초기 고전기, 성기 고전기, 말기 고전기와 헬레니즘 시대로 이어지는 시대 양식을 분석하거나 스코파스Skopas파, 리시포스 Lysippos파 등과 같이 특정 대가에 의해 형성되는 작가 양식과 유파를 파악하기 위해서는 먼저 제작 기법과 매체의 사용, 그리고 조각가들 사이의 협업 체계와 복제, 변형을 통한 상호 영향까지도 함께 고려되어야 할 것이다.1

또 다른 사례를 들어 보자. 로마 제국에서는 서거한 황제의 신격화 행사로 조문객들에 둘러싸여 비탄의 7일을 보내야만 하는 장례 문화가 있었다고 한다. 프랑스 철학자 레지스 드브레 Régis Debray는 프랑스 사전 리트레2에서 '재현'이란 단어의 뜻을 소개한 바 있는데, 이 단어의 다양한 의미 가운데 특히 "중세기의 장례식에서 고인을 대신하는, 빚어져 채색된 형상"이라는 해석을 눈여겨보았다. 당시에는 왕의 시신을 40일 동안 전시하는 장례 의식이 있었는데, 엄청난 노력에도 불구하고 시체의 부패를 막을 길은 없었다. 따라서 장례 기간 동안 문상을 받는 것은 왕을 복제한 채색 밀랍 마네킹이었고, 육신의 유한함을 이미지의 유한함으로 대체하는 정치적 관습과도 연관성이 깊다고 한다. 드브레는 이러한 관습을 '승화된 신체'라고 덧붙인다.

현대 사회의 개인 정체성에서도 원본과 복제의 관계가 매우 중요한 사회 규범으로 자리 잡고 있다. 예를 들어, 오늘날 우리 모두는 공항을 이용하여 해외로 나가기 위해 자신의 정체를

NFT, 처음 만나는 세계

증명해야 한다. 여권 등의 증명서는 자신이 진정한 '나'라는 사실을 보증하는 유일한 수단이다. 입출국을 위해서는 누구나 자신의 복제물인 증명서 사진이 곧 나라는 것을 인정받아야 한다. 출입국 관리자가 나와 가까운 사람이라고 해도 증명서 없이는 통과할 수 없는 게 현실이다. 즉 자신과 자신을 복제한 사진 이미지의 관계인 실재와 재현 사이의 완벽한 유사성은 단지 미학적인 관계에 그치는 게 아니다. 여기서 중요한 것은 닮음 자체라기보다 닮음이 어떻게 규범과 제도로 얽혀 있는지를 파악해야 한다.

이러한 매우 현실적인 상황은 이 글의 주제인 NFT와 어떤 관계를 맺고 있는지도 생각해 보자. 나의 증명서가 내가 될 수 있는가?

5. 예술과 존재

다시 한 번 《블레이드 러너》로 되돌아가 보자. 복제 인간은 감정의 경력이 없다는 말은 NFT에도 적용될 수 있다. NFT는 개인의 증명서와 같이 작품의 원본성을 보증한다. 하지만 증명서는 개인을 대신할 수 없다. 자신의 증명서는 법적으로 본인임을 증명하지만 증명서가 나 대신 살아 줄 수는 없기 때문이다. 한편 NFT는 작품의 원본성을 증명하는 서류이자 동시에 복제물이다. 어떤 면에서는 《블레이드 러너》에 등장하는 레플리컨트와의 유사점을 발견할 수 있겠다. 고도화된 레플리컨트는 자신이 복제 인간이란 사실을 인지하지 못한다. 레플리컨트는 고유한 자기 기억은 없지만, 제작 과정에서 타인의 기억을 정보로 저장하여 스스로 기억을 가지고 있다고 믿는다. 그런데 저장된 기억은 자신이 직접 겪은 경험이 아니기에 정보에 머물 수밖에 없다. 이를 NFT 미술에 적용해 보면, 복제된 원본은 호환 가능한 매체를 통하여 언제라도 리플레이가 가능하지만 원본 작품이 생성되는 과정의 기억, 경험은 정보에 기록될 수 없다.

물론 메타데이터를 어떻게 기술하는가에 따라 차이가 발생할 수는 있다. 이는 시뮬라크르를 파생실재hyperreal라고 부르는 이유일 것이다. 오로지 모방만 된 상태, 따라서 보증서로서의 NFT는 작품의 표피를 복제할 뿐 작품이 생성되는 과정의 심리적 갈등, 연금술적 작용, 우연의 발견, 변덕, 실망과 환희와 같이 켜켜이 쌓인 정동의 순간들을 복제할 수는 없다. 만약 복제를 통해서 그 정동에 가깝게 다가가려면 제작의 공정을 그대로 따라가는 수밖에 없지 않겠는가.

NFT 미술이 낯설게 느껴지는 첫 번째 장벽이 바로 이 지점이다. 나와 같은 의구심 때문에 비슷한 질문을 떠올린 사람이 적지 않을 것이다. 실존하는 작가의 회화 작품 한 점을 블록체인 기술을 활용하여 대체 불가능한 정보로 기록하는 것은 누구나 이해할 수 있다. 그리고 이 공식적인 복제본을 구매하여 소유한 A라는 인물이 있다. A는 이 작품을 실제로 본 적이 없다. 그리고 자신이 소유한 작품을 직접 보려면 미술관이나 소장자의 공간에 방문해야 한다. 자신이 소유한 NFT 작품을 보려면 메타버스 공간에 입장하여 구경하거나 필요에 의해 미디어 디바이스를 이용해야 한다. 아무리 원본을 완벽하게 복제했다 하더라도 실제 작품은 이미지 이전에 만질 수 있고 특유의 냄새가 있는 물질이다. NFT 작품은 감각적이고 물질적인 차원의 손실이 불가피하다는 사실이다. 즉 여기에서는 원본과 복제가 오로지 디지털 이미지라는 관계에서만 작동될 수밖에 없다.

몽상의 사상가 가스통 바슐라르는 과학-철학자로, 원소와 물질을 시적으로 사유한 철학가다. 그는 한 점의 회화는 어떻게 완성되는가라고 질문한다. 이 질문은 자체로 모순이지만, 물음의 목적은 한 점의 회화가 탄생하는 과정을 생각해 보자는 의견을 담고 있다. 바슐라르는 모네의 〈루앙 대성당Rouen Cathedral〉 연작(1892-1893)을 두고 이렇게 말한다. "성당이 빛의 스펀지가 되어 그 돌벽 전체, 그 장식 전체가 석양의 황토색을 빨아들이기를 바란다." "이렇게 해서 캔버스에서 캔버스로, 공기의 캔버스에서 태양의 캔버스로, 화가는 물질의 전환을 실현시킨다. 화가는 색채를 물질 속에 뿌리내리게 한 것이다. 그는 색채를 뿌리내리게 하기 위하여 기본적인 물질 원소를 발견한다." 정말 NFT 복제술이 대기, 온도, 물질 간의 화학 작용에 의하여 생성되는 창작의 교향곡을 담아낼 수 있을까?

이미지 연구자 W. J. T. 미첼W. J. T. Mitchell은 '메타그림metapicture'이란 개념을 제시한 바 있다. 그것은 '살아 있는 이미지' 혹은 '유기체로서의 이미지'에 대한 질문에서 파생되었다. 그는 두 개의 이미지 보기를 제안한다. 하나는 '복제양 돌리'이고 다른 하나는 '공격받고 있는 세계무역센터'다. 살아 있는 이미지란 문구는 다소 종교적인 인상을 주는 게 사실이다. 혹은 형이상학적인 의견처럼 들리기도 한다. 여하튼 미첼에게 이 문구는 특별한 사건에 의하여 생명력을 부여받은 경우를 뜻한다고 한다. 그는 다음과 같이 설명한다. "복제양 돌리와 세계무역센터는 모두 살아 있는 이미지 혹은 생명을 가지게 된 도상이다. 돌리는 말 그대로 부모 양의 정확한 유전적 복제물이자 살아 있는 유기체다. '쌍둥이 빌딩'도 이미 의인화된 복제 생물과도 같은 것이었다." 즉 메타그림이란 우연이든 필연이든 특정한 기술이나 사건에 의하여 문화적·의학적·사회적 관점의 생명력을 부여받은 이미지를 지시한다고 해석할 수 있겠다.

NFT도 위의 사례처럼 메타그림이 될 수 있을까? 메타그림은 기술의 영역일 수도 있지만, 반대로 사회·정치적인 세계화 시대의 이슈일 수도 있다. 어떤 면에서 보면 메타그림이 디지털 문화와 결합한 세속화된 형식인 밈과 닮은 것 같다.

6. 한국 미술 현장

2019년 북서울시립미술관에서는 지난 30년간 인터넷을 기반으로 한 다양한 예술 실천을 되짚어 본 전시 《웹-레트로》가 열렸다. 월드 와이드 웹www의 등장은 세계를 구성하는 시간과 공간, 소통 방식, 언어와 표현 등 삶의 방식을 완전히 뒤바꿔 버린 역사적 사건이었다. 밀레니엄을 앞둔 상황에서 사람들은 다가올 미래를 기대하면서 들떠 있었고, 덕분에 베타 버전의 디지털 아트는 인터넷 통신 및 방송 매체를 무대로 대중에게 소개되었다.

《웹-레트로》는 디지털 기반 예술의 가능성을 세 개의 장으로 질문한다. 첫째로 사이버 공간을 대안적 공간으로 전유한 사회적 미디어로서의 실험, 둘째로 일반적으로 뉴미디어로 지칭되는 인터스페이스, 가상현실, 상호 작용 등의 기술을 미술의 문맥으로 전환하는 실험, 셋째로 이른바 포스트 인터넷 아트라 불리는 디지털 원주민 세대의 작업들, 실재와 가상의 위계가 무너지고 언어, 행위, 사물, 이미지, 밈을 이용하여 소통, 소비, 거래, 창작의 탈시간적인 현상을 다룬다. 사실 인터넷 아트, 넷아트, 웹아트와 같은 용어는 이후 구분이 모호해지면서 뉴미디어 아트로 통칭되곤 했다. 《웹-레트로》는 한 번도 진지하게 다뤄진 적이 없는 한국 디지털 미술이 진화하는 과정의 궤적을 다뤘다는 점에서 의미를 찾을 수 있다.

초기 인터넷 아트는 참여적 예술의 가능성을 발견한다. 벤야민에게 사진이 기성 질서를 교란하는 기술 매체로 여겨졌듯이 인터넷 매체도 사회적인 변화와 역동을 일으키는 기제였다. 일반적으로 전통적인 예술은 닫힌 세계였다. 교향곡을 듣기 위해 모인 청중은 함부로 연주에 개입할 수 없는 게 일반적인 관습이다. 전시 감상도 마찬가지다. 완성된 작품 위에 감상자가 작가의 허락 없이 덧칠하는 건 범죄다. 한편 인터넷 공간은 하이퍼텍스트를 기반으로 구성된다. 하이퍼텍스트란 언어의 상호작용을 의미한다. 저자와 독자, 작가와 감상자의 역할을 분리하지 않고 서로가 상호적으로 어떤 식의 주고받음을 통하여 작품/사물/예술/교육의 관계성이 중요해진다는 것이다.

철학가 메를로퐁티는 폴 세잔의 풍경화를 두고 감상자에게 마음을 열고 그림 안으로 들어가 풍경을 느끼라고 권유했다. 메를로퐁티는 창작과 감상은 동일한 행위라고 말한다. 회화를 보는 것은 또한 그것을 만지는 것과 다르지 않다는 것이다. 한국의 경우 페미니즘, 퀴어 영화제 등의 문화 운동이 인터넷을 기반으로 형성되었고, 코로나19의 영향으로 취소된 퀴어 퍼레이드가 가상 공간에서 대중의 참여를 끌어낸 것은 매우 고무적인 사건이었다. 즉 디지털 미디어가 어떻게 세상의 질서를 전유하여 긍정적인 대항 문화를 끌어낼 수 있는가는 결국 의지와 열정, 그리고 신뢰를 통하여 실천될 수 있음을 알 수 있다.

예술은 시대와 세대를 초월하여 언제나 삶과 공명한다. 인류는 고대부터 동시대까지 각 시대를 표상하는 소통의 도구와 방식을 발명했다. 산업화 이후 비약적으로 발전한 과학 기술은 인쇄술을 비롯하여 사진, 영화, 라디오와 텔레비전, 비디오, 디지털에 이르는 매체의 진화로 이어졌다. 이는 새로운 예술 지형도에 결정적인 영향을 미쳤다. 이처럼 각 시대를 표상하는 매체는 "세계의 상태, 즉 문화를 결정한다".

새로운 예술 매체로 각광받고 있는 NFT 미술을 둘러싸고 벌어지는 과열에 가까운 관심과 보도 열기는 그 수에 비하여 실체를 파악하기 어려운 게 사실이다. 현실적인 차원에서 본다면, 대부분의 블록체인 기술은 안전한 자산 증식의 가능성과 밀착되어 있는 것 같다. NFT에 관한 기사와 정보 들이 무한 증식하는 모습도 신자유주의식 경제 이념을 대입한 듯 일률적이다. 현상의 원인은 아마도 블록체인 기술이 비교적 분명하지만 이를 어떻게 사용할지에 관한 사례가 부족하기 때문으로 추측된다.

유행은 유령과 흡사하다. 본 적도 없고 실체도 알지 못하면

NFT, 처음 만나는 세계

서 우리는 특정 인물, 작품, 사물, 국가나 문화에 대해 막연한 기대나 맹목적인 관심을 보인다. 막상 실체를 마주한 후엔 관심이 현저히 줄어드는 경우가 많다. 그것이 바로 이미지의 힘이자 한계일 것이다. 이러한 열기가 불편한 이유는 미술이라는 다양·다종·다원한 세계의 지층 혹은 그 얼개를 제시하기보다 천문학적인 작품가를 강조하는 데 열중하기 때문이다. NFT의 등장은 시쳇말로 핫 데뷔 차트에 오른 신인 가수를 연상시킨다. 음악 시장의 경우 음반 중심에서 디지털 음원 중심으로 재편된 이후에는 이전보다도 더 아티스트의 팬덤이 미치는 영향이 심화되었다. 음원 서비스 사이트에서는 음원의 구매, 스트리밍, 음원 및 아티스트 검색 횟수, 공중파 방송의 노출 횟수, 라디오 스테이션에서의 송출 등이 아티스트의 활동과 음원과 함께 상당히 복합적으로 결합되어 차트 순위가 결정된다. 아티스트의 인지도와 그에 버금가는 팬덤의 전폭적인 지지가 없다면 웬만해서는 음원 사이트의 탑 100 입성이 쉽지 않다.

만약 NFT 미술 시장이 음원 시장처럼 팬덤에 기대어 성장한다면 의도적으로 거래를 활성화하여 작품 가격을 상승시키려는 움직임도 예상할 수 있다. 이러한 시도의 위법성 여부를 떠나서 그렇지 않아도 한국의 미술 시장은 유독 애호가보다 투자자를 키우는 경향으로 성장했다. 물론 예전에 비하여 훌륭한 수집가들이 수적으로 늘어난 건 사실이지만, 현재 한국의 미술 시장은 소수의 유명 작가와 이른바 블루칩 작가라는 명성에 기대고 있음을 부정하기는 어렵다. 새로운 유형의 글로벌 아트 마켓은 열렸으나 시장의 체질이 변하지 않는다면 이러한 열기도 금세 식고 말 것이다. 결국 유사한 내용으로 반복 재생산된 기사는 말 그대로 또 다른 형태의 밈이 되어 인터넷 포털, 소셜 네트워크의 알고리즘을 지배하는 우세종이 될 가능성도 적지 않다.

심각한 점은 예술 활동이 오로지 미술 시장만을 위한다는 모종의 착시 효과를 일으킬 수 있다는 것이다. 그렇다고 예술가들이 경제적 목적을 무조건적으로 배제하고 창작을 해야 한다는 주장은 아니며, 미술 시장의 역할을 부정하지 않음을 미리 밝힌다. 하지만 미술 시장에서 어떻게 윤리적으로 이윤 창출과 분배가 일어나는가는 중요하다. 이 과정은 작가, 갤러리, 에이전트 모두의 상호 작용을 통하여 전개되어야 한다.

이제 언제까지 현재와 같은 형태의 전시가 지속될지 그 미래를 알 수 없는 시대가 되었다. 팬데믹 이후 예술계 전반에 걸쳐 제기되는 쟁점이다. 긴급하게 형성된 비대면 상황에서 전시와 공연 등의 활동은 동면 상태가 되어 버렸다. 심지어 팬데믹 초기에는 전시를 열어 놓고 관람객을 받지 않을 정도로 심각했다. 서울을 비롯한 전국의 지자체 문화재단은 예술가들의 창작의 불씨를 살리기 위한 긴급 연구 기금 사업을 진행했다. 삶과 예술을 지속하기 위하여 다수의 작가들은 무엇보다 온라인을 기반으로 가상 공간에서의 활동을 제안했다. 그들의 기획안을 검토하는 것만으로도 상황의 긴급함을 느낄 수 있었다. 그럼에도 불구하고 실제로 메타버스를 어떻게 사용할지, 가상 세계와 현실의 접점에서의 예술 활동이 어떠한 방향과 태도로 전개되어야 할지를 다루는 기획안은 소수에 불과했다.

적어도 시각 예술 현장은 비교적 발 빠르게 온라인을 이용한 전시, 소규모의 배움 공동체, 초기 인터넷 공동체를 연상시키는 사이버 갤러리를 오픈하는 등 예술 활동이 중단되지 않도록 비대면 방식을 활용한 접점을 모색했다. 팬데믹으로 멈춰 버린 현실을 벗어나게 할 유일한 구원 투수로 등판한 가상 세계의 위상은 더없이 솟아올랐다. PC 통신이 등장한 이래 컴퓨터와 디지털 기술은 진화를 거듭했다. 컴퓨터, 인터넷, 소셜 미디어로 옮겨붙은 '프로메테우스의 불씨'가 이제는 비트코인과 메타버스로 이동 중이다. 문명은 매체의 발명에 의하여 진화했지만 애초부터 매체가 어떤 목적을 제시하지는 못했다. 새롭게 등장한 기술 매체는 원래 의도보다 예술가와 같은 창의적인 사용자의 필요와 욕망에 의하여 성장하기 때문이다.

7. 새로운 간척지

 새로운 매체 기술은 삶에 변화를 일으켜 적어도 근대화 이후부터 냉전과 탈냉전의 시기를 거쳐 세계화란 목적지에 도달했다. 세계화 담론은 20세기 초부터 예견된 운명이었다. 지구 너머의 식민지를 꿈꾸는 공상 과학 소설의 상상력과 디지털 기술을 이용한 가상 세계의 구축은 뉴스의 화제가 아닌 생존을 위한 실천을 요구한다. 그래서 NFT와 메타버스를 향한 지나친 관심은 다소 당혹스럽게 느껴지기도 하지만 그 갈급함은 팬데믹을 겪으면서 비로소 체감할 수 있었다. 이른바 메타버스는 가상 공간에 세워진 간척지와 다르지 않을 것이다. 오프라인의 삶이 갑자기 사라지지는 않겠지만 오늘의 인류는 이미 온라인에 접속되어 있으며, 심지어 온라인의 삶이 오프라인보다도 더욱 강력하다는 점은 부정할 수 없다. 개인적으로 NFT 미술에 대한 입장이 상당히 복잡한 게 사실이다.

 다소 과장된 것처럼 보이는 시장의 환대와 유명인이 수상하는 모습을 연상시키는 디지털 아티스트 비플의 환호 장면은 마음을 불편하게 만들었기 때문이다. 무엇보다 NFT 미술은 원본의 진위 여부를 명백하게 보증하는 등기부의 역할을 하지만, 이보다 더 중요하게 다뤄지는 부분은 작품에 대한 관심도와 이를 둘러싼 일종의 공동체의 규모와 더불어 충성도에 따라, 거래 수에 따라 가격이 형성되는 신자유주의 인지자본과 닮아 있다.

인지자본주의란 노동의 시공간이 고정되지 않은 상태의 육체적 노동에서 감정·지식·정서 등의 자본화가 일어나는 것을 의미한다. 대표적으로 온라인 게임, 소셜 네트워크에서의 활동 같은 일과 취미의 경계가 불분명한 노동을 일컫는다. 각종 마켓플레이스에서 이뤄지는 실시간 NFT 거래는 단순히 미술 시장에서 작품을 거래하는 것과는 다른 의미를 갖는다. 이 공간에 방문한 고객/사용자는 자신의 관심사를 공유하는 또 다른 고객/사용자와 유대감을 나누면서 거래에 참여하게 된다. 온라인 게임에서 필요한 아이템을 구매하거나 실시간 동영상을 관람하면서 별풍선을 보내는 것과 유사한 방식이다. 즉 NFT 마켓플레이스에서의 거래는 기존의 소셜 네트워크 활동과 비슷한 방식으로 작동되는 인지자본을 이용한 노동의 형태로 볼 수 있다.

그러나 불편한 심정에도 불구하고 이제 온라인, 디지털, 가상 세계는 더는 거절하기 어려운 시대의 변화이자 담론이란 사실을 인정해야 할 것 같다. 현실 세계와 가상 세계, 전문성과 비전문성, 작품과 상품, 노동과 놀이의 경계가 허물어진 현재, 과연 NFT 미술의 등장을 어떻게 보아야 할 것인가? 이른바 인지 자본에 익숙한 사용자들을 위한 예술 놀이터인가, 아니면 재투자의 기회마저 희박해진 시대의 오아시스 같은 금광인가, 그것도 아니면 흔한 사치스러운 비물질 노동의 장이 될 것인가는 알수 없다.

이 글은 NFT 열풍 뒤편에서 과연 이 암호화 기술이 미학적인 가치, 역사와의 관계, 원본과 복제의 의미, 나아가 복제 기술이 작품에 내재하는 감각과 정동을 어떻게 기록할 것인지에 관한 질문을 제시한다. 이미 알려진 사실을 되풀이할 수도 있겠다. 불분명한 정체를 파악하기 위해서는 가깝거나 먼 과거를 배회하면서 잊고 있던 또는 우연한 만남에 의하여 지혜를 얻을 수있으리라 기대해 본다.

6장

NFT,
기게스의 반지

심상용(서울대학교 조소과 교수)

"현대 문명을 총체적으로 조사하거나 비판하기,

그것은 무엇을 의미하는가? 인간으로 하여금

자기 스스로가 창조한 것의 노예가 되게 만드는 함정을

분명하게 밝혀내기, 어떤 경로로 무의식이 방법적 사고나

행동 속에 스며들게 되었는가? 이 문명 속에서 …

정신과 세계 사이의 원초적인 약속을 되찾아야 한다."

–시몬 베유Simone Weil**1**

1. "쿼바디스 도미네Quo Vadis, Domine"
(주여 어디로 가시나이까?)

　NFT, 대체 불가 토큰은 파일의 위·변조나 복제가 쉬운 디지털 공간의 맹점이었던 소유권 문제를 해결하면서 디지털 공간에 존재하는 모든 소스를 자산화할 수 있도록 한 '기술'이다. 인터넷 밈을 사고파는 방식이었던 그것[2]은 불과 수년 사이 예술 논의의 한 중심에서, 그것도 가장 뜨거운 화제로 부각되었다. 디지털 소스의 자산화 가능성에 대한 시장의 기대가 격앙된데다가, 그 기술을 활용한 사업 성공 사례들이 과장된 채로 마구 소개되었다. 뱅크시, 데미언 허스트 같은 현대 미술의 스타들이 가세하면서 바람은 이내 몰아치는 광풍이 되었다. NFT 기술이 주류 미술 시장으로 물밀듯 진입하면서 'NFT 미술'이라는 신조어가 급조되었다. 결정적인 도화선은 254년의 역사를 지닌 경매 회사 크리스티가 마련해 주었다. 비플로 알려진 마이크 윈켈만의 한 디지털 이미지를 경매에 올리는 것으로 말이다. 뒤이어 우르스 피셔 같은 작가들이 NFT 시장으로 뛰어들었다.[3]

NFT 경매 회사 '페어 워닝'의 설립자가 말한 대로 NFT 미술은 "현실 세계보다 7배는 빠르다." 이제 막 첫걸음마를 시작한 아이가 어느새 하늘을 나는 셈이다. 과도한 기대, 흥분 상태, 욕망이 시장 측면에선 곧 꺼질지도 모르는 거품이요, 예술 측면에선 우려스럽기 짝이 없는 이 테크놀로지화에 대한 의구심을 틀어막는 동안 NFT 미술은 통제하기 어려운 광기로 진화하고 있다.

NFT 미술 시장은 이카루스와 같이 갑작스럽게 추락할 가능성이 이미 내재되어 있다. 현재까지 드러난 여러 사건과 상황만 놓고 보더라도, NFT 미술 시장이 제대로 정착되기에는 넘어야 할 기술적 한계들이 적지 않다. 법률적·제도적 이슈들 또한 해결이 쉽지 않다. 현 단계가 이제 막 구석기 시대에서 신석기 시대로 접어든 정도에 해당하는 만큼, 이 시장이 대중의 기대에 부응할지의 여부를 속단하기는 아직 이르다. 물론 NFT가 제공하는 디지털 자산화의 가능성은 엄연한 사실이고, 그로 인해 디지털 거래가 증가하고 미술 시장 전반이 활기를 되찾을 가능성 또한 건재하다. 그렇더라도 이 우려와 기대 모두 시장 측면에서의 우려이자 기대일 뿐이다.

시장에 대한 강박증화된 인식에서 벗어나 예술이라는 정신의 민감한 영역의 측면에서 생각해 보자. NFT 미술의 열풍이 현재의 글로벌 미술 현장의 뿌리 깊은 야만성과 폭력성 앞에서 어떤 요인으로 작용할지를 가늠해 보면, 이 기술의 미래에 대한 현재의 기대는 매우 순진하다. 더 나아가 무지나 허위에 의한 환상일 개연성이 높음을 알 수 있다.

NFT 기술의 관심사는 늘 그렇듯 그것으로 인해 파생된 시장과 향후 파생될 노다지 시장으로 국한된다. 이 때문에 기존의 제도권 미술 생태계의 구조화된 문제들에 대해 무지한 상태에서 그 디지털 테크놀로지가 미술의 생태계를 유토피아적인 것으로 진화하는 데 기여할 것이라고 순진하게 믿는 경향이 있다. 비평가이자 크립토 작가인 벤 루이스Ben Lewis는 생각이 다르다. 그가 만든 NFT 작품 〈살바토르 메타버시Salvator Metaversi〉(2021)는 레오나르도 다 빈치가 남긴 마지막 작품인 〈살바토르 문디〉(1505)를 패러디한 것이다. 제목은 라틴어로 '구원자', 곧 예수를 뜻한다. 하지만 루이스의 구세주는 한 손에 달러 뭉치를 꼭 움켜쥔 욕심 사나운 사내의 모습이다. 원작에서 지구를 상징하는 투명한 유리구슬이 전 지구를 피폐하게 만든 탐욕의 상징인 지폐 뭉치로 대체되어 있다.

1904년 발견 당시 다 빈치의 〈살바토르 문디〉는 상태가 형편없었기에 위작으로 감정되었고,[4] 1958년의 런던 소더비 경매에선 45파운드(한화 약 7만 원)의 헐값에 매매되었다가 반세기가 지난 2005년 '미국 아트 딜러 협회'가 1만 달러(한화 약 1,200만 원)에 매입했다. 이후 실력이 없는 익명의 화가에 의해 가필

되었다는 사실과 함께 복원 작업이 진행되었고, 다 빈치가 그린 진품임이 밝혀졌다. 이후 또 한 차례의 사적인 거래를 통해 그림의 주인이 바뀌었는데, 러시아의 신흥 부자 드미트리 리볼로프레프Dmitry Rybolovlev(프랑스 축구팀 AS 모나코의 구단주이기도 하다)가 주인공이었다. 당시 리볼로프레프의 구매가는 1억 2,700만 달러(한화 약 1,600억 원)로 알려졌다. 2017년 11월 15일 뉴욕 크리스티 경매장에 이 그림이 다시 나타났을 때, 크리스티의 추정가는 1억 달러(한화 약 1,260억 원)였다. 하지만 경매가 진행되는 동안 무려 4배 이상 가격이 뛰어 4억 5천만 달러(한화 약 5,700억

레오나르도 다 빈치, 〈살바토르 문디〉, 1505, 패널에 유채, 65.6x45.4cm

벤 루이스, 〈살바토르 메타버시〉, 2021

NFT, 처음 만나는 세계

원)에 낙찰되었다. (구매자는 아랍에미리트연합 아부다비 정부의 문화관광부임이 공식 확인되었다.)

다 빈치의 〈살바토르 문디〉의 가격이 45파운드에서 4억 5천만 달러로 치솟는 동안, 적어도 서구의 선진국들에서 예수 그리스도가 설파하고자 했던 것들인 사랑, 희생, 영혼의 밝음a nitor animae으로서의 은총, 그리고 성 토마스 아퀴나스가 『신학대전』에서 방점을 찍고자 했던 예수의 '신성한 선량함에 동참할 수 있는 본성'은 그 가격 상승과 거의 정확하게 반비례하면서 나락으로 떨어져 왔다. 2021년 루이스가 NFT로 만들면서 〈살바토르 문디〉는 다시금 세간의 화제로 부상했다. 루이스는 그리스도가 그것의 구원을 위해 희생양을 자처한 행성을 달러 뭉치로 대체하고, 작품의 제목을 〈살바토르 메타버시〉로 바꿔 달았다. 루이스에 의하면 구세주의 신성한 구원조차 달러dollar 앞에 무릎 꿇리는, 오늘날 만연한 신성 모독의 상황에 대한 비판적인 풍자였다.

현대 미술품을 거래하는 시장에서 벌어지고 있는 신성 모독적 풍경들은 이미 타 영역의 추종을 불허할 지경에 이르렀지만, NFT를 지렛대 삼아 다시 한 번 도약을 도모 중이다. 신성 모독이라는 단어는 성스러운 것을 훔친 사람인 사크릴레구스sacrilegus에서 유래한다. 사전적인 의미는 다음과 같다. "신에게 바쳐졌기에 신성한 것을 기술적으로 위해를 가하는 것."(웹스터 제 9판)[5]

루이스가 제목을 'Salvator Metaversi', 즉 '구세주 메타버스'로 바꾸었던 배경이 분명 이러했을 것이다.

예수 그리스도의 열두 사도 중 첫 번째인 요한의 아들 시몬 베드로가 물었다. "주님, 어디로 가시나이까." 예수가 답했다. "지금은 내가 가는 곳으로 따라올 수 없다. 그러나 나중에는 따라오게 될 것이다." 하지만 5G 기술과 가상 현실(VR), 증강 현실(AR), 혼합 현실(MR) 기술을 동원한 메타버스라는 이름의 새로운 우상이 욕망의 즉각적인 충족, 환상의 즉각적인 실현을 약속하는 마당에 온전하게 구원을 이루게 되리라는 약속의 시간인 '나중'이 무슨 의미가 있을까? 메타버스가 감각 차원의 구원을 구현하는 만큼 '나중'에 다시 올 구세주를 기다릴 이유는 줄어들고 말 것이다. 루이스는 〈살바토르 메타버시〉가 이런 세태를 뒤따르지 않으리라는 자신의 다짐을 담아 만든 작품이니만큼, 절대 시장에 내다 팔지 않겠다고 말한다.

2. 예술의 산화^{酸化}, 예술가의 증발

▎ 이 시대의 지배적 은유로서 기술과 자본

NFT 미술이 역사에 기입되는 지점은 예술이 아니라 자산화된 예술이다. NFT 미술의 주된 관심사는 작품의 예술성이나 미학이 아니라 작품의 소유권과 매매 차익이다. NFT 기술은 해당 디지털 소스의 유일무이성과 위변조 불가능성, 대체 불가능성을 블록체인상에서 안전하게 보호하는 것이다. 그리고 그 의미는 구매자, 곧 돈을 지불한 사람의 권리를 특정해 주는 데 있다. 오로지 소유권 관련 '계약서' 작성에 필요한 조건을 충족시킴으로써 디지털 소스의 자산화 가능성을 높이고, 자산 시장의 규모와 영향력을 극대화하고 활성화하는 것이다.

사적 소유권 담보 외에 다른 어떤 공유나 감상도 얼마든지 허용된다. 인터넷상에서 검색하고, 감상하고, 개인 단말기기에 내려받기도 가능하다. 물론 거래 기록을 남김으로써 미술품 소장 이력provenance을 증명하는 것이나 매 거래 시 거래액의 일부를 이미지 창작자에게 할당하는 '스마트 계약' 등, 이 기술이 제공하는 크고 작은 미덕들도 존재한다. 하지만 NFT 기술이 각광받는 결정적인 이유는 온라인상에서 소유권을 지정할 수 있다는 데 있다. 소유권이야말로 다 빈치의 〈살바토르 문디〉를 시장에서 4억 5천만 달러라는 초유의 가치로 거래할 수 있도록 만드는, 이를테면 초-자본주의의 성취에 있어 결정적 요건이기에 그렇다. 오늘날 예술품은 그것의 희소성, 즉 세계에 단 하나밖에 없다는 점이 아니라 하나밖에 없는 것을 소유하는 자본주의가 낳은 병적인 집착에 크게 영향받고 있다.

어느 시대건 그 시대의 지배적 은유가 있다. 그것이 지배적인가 아닌가를 가름하는 기준은 그것에 노출된 사람들에게 미치는 영향력의 정도, 곧 그들이 동조자나 열광적인 추종자가 되는 확률이다. 동조나 추종, 열광적인 팬이 되는 것은 경험의 문제이기에(서로 정도가 다르기에) 수치화하기가 쉽지 않다. 그러나 그 지배적 은유의 힘은 사람들의 생각과 행동을 180도 바꿀 만큼 강력하다. 그것이 어느 정도의 강도로 지배력을 행사하는가는 각자의 냉정한 자기 성찰을 통해서만 깨달아 알 수 있다.[6]

우리가 살고 있는 시대의 지배적 은유는 테크놀로지와 자본이다. 이런 맥락에서 NFT 미술은 이 두 개의 은유가 결탁함으로써 그 지배력이 극대화된, 누구도 그 힘에 대항하기 어려운 사건으로 이해되어야 할 필요가 있다. 이 사건이 미칠 영향력이 생각 이상으로 파괴적인 이유가 여기에 있다. 무엇보다 1개의 JPG 파일에 접속하는 링크의 가치를 7천만 달러(한화 약 886억 원)로 치솟게 만드는 요인이 예컨대 어떤 대단한 정신적 승화나 영혼의 정화 등과는 아무런 상관이 없다는 점이 놀랍다. 그것은 하나의 기술이며 그것으로 충분하다! 이것이 NFT 미술의 진정한 의미다.

석기 시대부터 오늘날 디지털 시대에 이르기까지, 기술 혁신은 인류 문명의 발전에 가장 핵심적인 동력이 되어 왔다. 역사적으로 기술 혁신은 변화의 바람을 일으킴으로써 구질서와 지배 계층에 큰 위협 요인이었다. 권력과 기술은 언제나 긴장 관계였고, 권력은 기술을 장악하려 했다. 대표적으로 구텐베르크 금속 활자 인쇄술에 대한 스페인 왕실의 태도가 그러했다. 왕실은 인쇄 허가 제도를 통해 지식과 서적 시장을 통제하고자 했다. 그 결과 스페인은 과학 혁명으로부터 소외되고, 무적함대의 패망을 기점으로 국력이 쇠퇴하는 계기가 되었다.[7] 하지만 오늘날의 기술 혁신에서 혁신의 의미가 자산화 가능성으로 왜곡됨으로써 오히려 지배 질서가 만든 우상들에 봉헌되고 있다. 기술 혁신은 사회적 혁신으로 이어지기보다는 사회를 보수화하고 경직시키는 반혁신적 방향으로 이끄는 작용에 더 많이 관여한다.

20세기 미술사는 이 시대 또 하나의 지배적 은유가 탄생하는 과정을 보여 준다. 1915년 마르셀 뒤샹이 〈부러진 팔에 앞서서〉(93쪽 참고)라는 '레디메이드'를 통해 추구하고자 했던 바를 떠올려 보라. 뒤샹은 일상적 물건인 삽의 도구로서의 의미를 해체시키는 작업을 통해 새로운 예술이 잉태될 수 있다고 믿었다. 그렇기에 예술가는 어떤 시간과 공간, 어떤 상황에 처해 있건 해체의 설계자로 존재해야 한다. 예술과 비예술을 구분하고, 걸작과 졸작을 가름하는 전통 미학의 덧없는 왈가왈부에 종지부를 찍는 독단적인 이단아, 그가 바로 예술가여야 한다는 것이 뒤샹과 그의 레디메이드 미학의 믿음이었다. 하지만 〈부러진 팔에 앞서서〉로부터 한 세기가 지난 오늘날 NFT 미술 열풍을 횡단하는 사상은 고작 소유권을 담보하는 계약 체결상의 수월성이다! 참으로 놀라운 진화가 아닐 수 없다.

뒤샹은 그가 기대했던, 도래하지 않은 유토피아를 위해 자신이 속한 디스토피아적 문명을 해체시키는 작업을 착수할 수밖에 없었다. 하지만 NFT 미술은 뒤샹이 견딜 수 없었던 디스토피아 안에서 디스토피아의 유토피아를 발견하고 그 매 순간들을 탐닉한다. 예술의 역사는 이제야 비로소 한 세기에 걸쳐 드리워졌던 뒤샹의 그림자로부터 벗어나는 것처럼 보인다. 다만 더 나아지는 쪽이 결코 아닌 방향으로 벗어나는 중이다. 지난 한 세기 동안 뒤샹의 창조적 파괴를 이정표로 삼아 왔지만,

NFT, 처음 만나는 세계

거래 활성화와 계약 체결이 새로운 궁극이 되는 방향이다. 이 지평에서 '무엇이 예술인가'가 아니라 '어떻게 계약서를 꾸미도록 할지'가 중요하다.

▍ 돈을 버는 묘기

2021년 3월 크리스티 경매야말로 진정으로 역사적인 사건이었다. 경매에 오른 작가는 예명인 비플로 활동하는 마이크 윈켈만이라는 실명을 지닌 실존 인물이었다. 이 사건에서 예술가는 부차적인 요인에 지나지 않는다. 디지털 예명으로 대체된 인물 마이크 윈켈만이 어떤 사람인지, 어떤 생각을 하고, 삶에 대해서는 어떤 태도를 취하며, 아름다움에 대해선 어떤 인식을 가지고 있는지는 전혀 중요한 문제가 아니다. 굳이 알아야 할 필요도 필연성도 없다. 예술가로서 비플의 철학은 경매에 정당성을 부여하는 만큼만 필요한, 요식적 알리바이 이상이 아니다. 이 서사의 절정, 진정한 주인공은 단연코 예술적으로 비범한 구석이라고는 찾아보기 어려운 JPG 파일이 6,930만 달러(한화 약 870억 원)로 낙찰되는 순간, 가치를 지닌 것으로 둔갑시킨 그것, 현대판 미다스의 손을 연상케 하는 자본 시장의 마술이 기적적으로 성취되는 바로 그 순간이다. 그리하여 그것을 가능케 한 주인공은 NFT 기술이 기념되는 순간이다. 13년간 만들거나 수집한 5

천 개의 이미지들에 〈매일: 첫 5,000일〉이라는, 시적 분위기를 풍기는 제목이 붙어 있기는 하지만 뉘앙스일 뿐이고 그 각각의 것들을 관통하는 맥락이 무엇인지, 시의적인 메시지가 있는지는 명확하지 않다.

비플의 크리스티 경매와 거의 같은 시기에 이번에는 뱅크시의 판화 〈멍청이들〉을 불태우는 일이 있었다. 원작은 불에 탔지만, 그것의 NFT 파일은 38만 달러(한화 약 4억 원)에 팔렸다. 2021년 3월 9일에 BBC는 디지털 파일이 해당 원작보다 고가에 매매되는 과정에 '돈을 버는 묘기'라는 제목을 붙여 방영했다. 미술평론가 오시언 워드Ossian Ward의 글에서 인용한 문구였다. 워드는 원작을 불태운 이 사건을 들어 "단지 큰돈을 벌기 위한 것이라는 사실을 숨기는 술책"에 지나지 않는다고 비판했다.

'당신은 무엇이든 예술 작품이라고 말할 수 있다.' 하지만 만약 돈을 벌기 위해 뱅크시의 작품을 태운 것이라면, 그 결과로 남은 것이 디지털 토큰이건 무엇이건, 설사 예술품으로 간주되더라도 그것은 예술품들 가운데서도 가장 저질의 것임에 틀림이 없다.[8]

이 사건은 뱅크시가 2006년에 프린트한 원작 〈멍청이들〉의 내용으로 더욱 상징성을 지니게 되었다. 프린트된 뱅크시의 드

뱅크시, 〈멍청이들〉, 2006

로잉 〈멍청이들〉은 빈센트 반 고흐의 작품을 경매하는 크리스
티의 경매인과 사람들로 붐비는 경매장 풍경을 풍자적으로 묘
사한 작품이다. 옆에는 다음과 같은 문구가 쓰여 있다. "이걸 진
짜 사는 바보들이라니, 믿을 수가 없군I can't believe you morons actually
buy this." 〈멍청이들〉을 9만 5천 달러(한화 약 1억 2천만 원)에 사들
인 구매자는 공원에서 작품을 불태웠던 남자의 배우이기도 한,
블록체인 기업 '인스펙티브 프로토콜Inspective Protocol'이었다.[9]

　예술의 자본화와 그것을 선도하는 글로벌 아트 마켓 시스템
에 대한 풍자를 그 시스템의 광기를 위한 불쏘시개로 사용하다
니! 참으로 뻔뻔스러운 행동이 아닐 수 없다. 하지만 '인스펙티

브 프로토콜'의 대변인 미르자 우딘은 "오리지널 작품을 불태우는 이벤트도 예술적 표현"의 일환이라고 목청을 돋운다. 뱅크시가 경매에서 자행했던 자신의 작품을 부수는 퍼포먼스와 자신들의 불태우기 이벤트 사이엔 아무런 차이도 없고, 따라서 동일한 예술적 행위라는 것이다.10 초록은 동색이라 했던가. 지브라원Zebra One 갤러리의 설립자 가브리엘 뒤 플로이Gabrielle Du Plooy는 '인스펙티브 프로토콜'의 행위는 약간의 부정적 측면이 있음에도, 결과적으로는 뱅크시의 것과 성격이 같은 '창조적 파괴creative destruction'라고 두둔했다.

이러한 해설은 미학적 무지와 도덕적 불감증에서 비롯된 아전인수적 주장에 지나지 않는다. 오시언 워드에 의하면, 뱅크시가 뱅크시 자신의 작품을 파손한 행위는 '어떤 예술(품)도 영원할 수 없다'는 자신의 철학의 구현인 반면에 '인스펙티브 프로토콜'의 불태우기 이벤트는 원작의 디지털 토큰화를 통해 돈을 벌기 위한 행위에 지나지 않는다. 불태우는 모방 행위를 제외하면, 동기에서 결말까지 양자 사이에 같은 것은 아무것도 없다.

온갖 억지 주장에도 불구하고 '인스펙티브 프로토콜'의 행위는 돈을 벌기 위해 설립된 회사의 목적만을 충실하게 드러낼 뿐이다. 이 회사가 기획한 이벤트에서 예술은 비즈니스를 위해 상습적으로 호출되는 알리바이 또는 후안무치한 무임승차와 크게 다르지 않다. 언제부터 회사가 예술을 정의하는 주체가 되었다는 말인가. 언제부터 예술이 농숙한 정신세계의 경작자로부터 나와야 한다는 것이 고루한 규범이 되어 버리고 말았는가. 아마도 정신적 가치를 화폐 단위로 바꿔 말하기 시작했던 시점과 다르지 않을 것이다. 얼빠진 현대인의 주된 특징 가운데 하나이기도 하다. "요즘에는 무엇이 선한지에 대한 원칙도 밝히지 않은 채 부끄러운 줄도 모르고 비유를 들먹인다. 더 끔찍한 건 이런 천박한 비유가 더할 나위 없이 영적이고 도덕보다 더 우월하다고 생각한다는 점이다."

하기야 고졸한 정신세계, 마음의 신성한 차원의 존재를 더는 믿지 않는 오늘날과 같은 포스트 시대에, 그러한 인식이 문제 될 게 무엇이겠는가. 그런 예술을 특별히 기대하고 열망하는 감상자나 컬렉터층도 빠르게 해체되는 추세다. 예술가나 구매자 모두 스스로 자신들이 '회색의 인간'임을 부지런히 증명하는 중이다. 시인詩人들은 매스 미디어의 조명 아래 잠시 우상이 되었다가 벼락부자가 된 사람들의 파티 초대객 목록에 끼는 데 관심을 기울인다. 화가와 조각가는 매력적인 계약의 당사자가 되는 것으로 크게 만족한다. 악마의 유혹은 영혼 없는 시인과 기도하지 않는 화가, 수익성을 예찬하는 감상자의 양산으로 이어진다. 예술은 산화되고 예술가는 빠르게 증발되는 중이다. 예술가 없는 예술의 다음 단계는 인공 지능으로 대체된 예술일 것이다. 지금 뱅크시와 '인스펙티브 프로토콜'의 주장 사이의 차이가 무의미하듯, 머지않아 인간의 예술과 인공 지능의 예술 사이의 차이도 문제 될 게 없는 날이 도래할 것이다. 중심은 이미 텅 비어 가는 중이다.

3. 속도, 악마의 속삭임?

　가치의 파탄 이상으로 파탄의 속도에 주목해야 한다. 불과 1년 남짓의 기간에 이름조차 들어 보지 못했던 하나의 기술이 예술의 논쟁들을 집어삼키다시피 했다. NFT가 예술 관련 뉴스의 헤드라인을 장식하기 시작한 시점이 2020년이었으니, 제도권 예술계의 뜨거운 이슈로 등극하는 데 채 1년도 걸리지 않은 셈이다. 그야말로 눈 깜짝할 사이에 글로벌 미술계의 가장 뜨거운 이슈로 등극했다. NFT 시장의 매출액은 2020년 6만 달러(한화 약 7,600만 원) 수준이었지만, 몇 달 후인 2021년 초에 1천만 달러(한화 약 126억 원)를 웃돌았다. 이렇게 되자 기존의 제도권 내에서 내로라하는 작가들조차 앞다투어 NFT 시장에 뛰어들기 시작했다. 존재감이 미미한 젊은 작가들에겐 사막의 오아시스처럼 간주되었다. NFT 미술품만 전문적으로 취급하는 경매 회사를 비롯한 여러 벤처 기업들, 판매 조직들이 우후죽순처럼 생겨났다. 채 1년에 미치지 못하는 시간에 나머지 것들은 다 시시하게 여겨질 정도였다.

크리스티나 소더비를 위시한 시장 쪽에서는 확신에 찬 선언들이 쏟아졌다. 비판이나 견제는 고사하고, 그나마 근근이 유지되던 성찰적 시도들마저 퇴행적인 구습으로 무기력하게 규정되었다. 유서 깊은 지식 활동들은 해체되거나 변질되면서, '미술의 정체성과 이상적인 미술의 기준을 규정한 유명 갤러리와 컬렉터, 비평가 등으로 이루어진 소수의 집단적 행동'으로 빨려 들어갔다. 환상이 재빨리 변화에 따른 공백을 메꾼 탓에 저항은 고사하고 최소한의 정서적인 동요조차도 없었다. 어떤 환상인가? NFT 기술이 향후 금융, 의료, 유통을 비롯한 산업 분야의 체계를 근본적으로 바꾸는 혁신성으로, 미술 시장뿐 아니라 미술 자체까지 유토피아적으로 진화시킬 것이라는 환상이다. 미술계를 좌지우지해 온 중앙 집권적인 권력 구조가 해체될 거라는 환상, 다양성과 기회 균등의 두 축을 토대로 하는 문화 시민주의 또는 문화 민주주의가 꽃피우게 될 것이라는 무지로 인한 섣부른 폭죽 터트리기, 다양한 배경을 지닌 대중이 자유롭고 해방된 문화, 예술을 누리게 될 거라는 망상….

속도의 문제에 다가서기 위해 마이크 윈켈만의 예를 한 번 더 환기할 필요가 있다. 앞서 밝혔듯, NFT 시장에 불을 붙이면서 '쩐의 전쟁'에 발동을 건 것은 뉴욕 5번가에 위치한 크리스티 뉴욕 지사였다. 세계 예술품, 수집품 경매의 80% 이상이 크리스티와 소더비의 매출에서 나오는 만큼 윈켈만의 경매는 큰 스캔들을 야기했다. 경매는 2월 25일부터 3월 11일까지 총 15일간 진행되었지만, 중요한 시간은 경매 출발과 종료 시점의 몇 분이다. 〈매일: 첫 5,000일〉은 추정가 100달러에서 시작되었는데 경매 시작 후 8분 만에 1백만 달러로 치솟았다. 이런 일이 가능하려면, 적어도 두 개의 조건이 충족되어야 한다. 첫째로, 의심스러운 취향과 막대한 재력과 낭비벽을 동시에 갖춘 소수의 개인들이 존재해야 한다. 둘째로, 조작적인 변환을 가능하게 만드는 강력한 시장 시스템이 작동해야 한다. 〈매일: 첫 5,000일〉의 경매는 이 시대가 그 두 조건을 충분히 갖추고, 게임을 시작할 준비를 마친 시대임을 알리는 상징적인 사건이다. 스위스의 미술품 중개상이자 소더비의 프랑스 지사 전 책임자였던 마크 블롱도Marc Blondeau에 의하면, 경매 회사와 일반 회사의 경영 전략 사이에는 어떤 차이도 존재하지 않는다. 소더비와 크리스티 모두에서 예술성, 예술적 가치의 고려는 사업 확장을 생각하는 행정부서의 힘에 밀려 방향을 상실한 지 오래며, 그런 방향으로 더욱 박차를 가하고 있기 때문이라는 것이다. 미술 시장이 돌연 투자의 길로 접어들었고, 그런 미술 시장에서 유일한 목적이 (미적 수준과 무관하게) 가격을 올리는 것으로 재정비되는 것은 조금도 이상한 일이 아니다.

100달러에서 1백만 달러까지 치솟는 데 걸린 8분이 사건의 서막이었다면, 클라이맥스는 단연 (숨을 고르는 듯 잠시 머물렀던) 1,400만 달러의 벽을 넘어 단숨에 6,930만 달러까지 치솟았던 마지막 10분이다. 글로벌 미술계를 떠들썩하게 만들었던 무언가가 이 18분 동안 일어났다! 사건 발생에서 종결까지의 이 미친 속도야말로 이 시대 예술 메커니즘의 정수에 해당한다. 18분의 광기가 단지 가격만 폭등시켰던 것은 아니라는 의미에서다. 예술 가치와 화폐 가치의 필연적인 균형을 산산조각 내는 속도고, 중심을 텅 비워 도덕적 공허를 팽창시키는 속도며, 사건의 의미와 영향력을 결정하는 조건들의 정보를 취합하고 해석해 인식의 오류를 최대한 방지하려는 노력을 무산시키는 속도다. 가속도가 붙을수록 자발성은 위축되기에 지적·감정적 공허와 냉소주의를 불러들이는 속도이기도 하다. 진리를 사랑해 모여든 논객들을 추방하고, 몰려드는 투전꾼들로 그 자리를 채우는 퇴행의 시간이요, 예술의 토양을 경작이 불가능할 정도로 산성화시키는 재앙적 시간이다.

비플의 NFT를 경천동지할 고액으로 구매한 당사자는 블록체인 회사 '트론'의 창립자 저스틴 선이었다. 점입가경으로 그는 경매 후 불과 몇 초 안에 입찰가를 7천만 달러(한화 약 886억 원)로 올리려고 시도했다. 크리스티의 웹사이트에 의해 차단됨으로써 미수에 그치고 말았지만 말이다. 이 정도라면 제아무리 멍청이라도 낙찰가를 조작적으로 폭등시킴으로써 막대한 이익

NFT, 처음 만나는 세계

을 챙기는 당사자인 블록체인 회사의 투기적 개입을 고려하지 않은 채, 디지털 파일의 예술적 가치를 여전히 독립 변수로 셈하는 일이 가능하다고 믿기는 어려울 것이다.

그럼에도 불구하고, '비플 효과'는 대성공을 거두었다. 크리스티가 비플의 경매에서 눈부신 성과를 내자 경쟁사인 소더비는 NFT 커뮤니티의 또 다른 스타 팍을, 필립스는 매드 독 존스를 서둘러 내세웠다. NFT나 디지털 아트 장에선 어느 정도 알려졌지만 파인 아트Fine Art의 장에는 알려진 적도, 관심 대상도 되지 못했던 이름들이다. 비플 효과는 데미언 허스트와 무라카미 다카시 같은 스타급 작가들까지 실물 작품을 NFT화하여 발행하는 대열에 합류하도록 했다. NFT가 갑자기 신성한 것의 대명사가 되었다. 그 신성한 기술의 영역과 결부되지 않는 한, 예술은 외롭고, 헐벗고, 가난한 것으로 남는 외에는 달리 방도가 없기라도 한 것처럼 말이다. 누구도 이 분위기에 이의를 제기하면 용납할 수 없다는 듯이, 그래서 누구도 이 '기술-예술의 조합'의 정당성에 시비를 걸거나 대열에서 뒤처지고 싶은 마음이 들지 못하도록 한다. 가고시안이나 페이스 같은 브랜드 갤러리들이 그 뒤를 따른다.

2021년 5월에는 크리스티에서 예술이라기보다는 컬렉터블(수집 아이템)로 보이는 9개의 크립토펑크로 구성된 NFT 컬렉션이 1,690만 달러(한화 약 214억 원)에 거래됐고, 뒤이어 6월

우르스 피셔, 〈CHAOS #1 Human〉, 2021

엔 소더비에서 단일 크립토펑크 희귀 아이템('레어템')인 #7523
이 1,180만 달러(한화 약 149억 원)에 낙찰됐다. NFT 미술 시장
은 잠시 주춤하는 듯 보이다가 다시 회복세로 돌아서 2021년 6
월 기준 전년 대비 매출이 250배 증가하고, 2021년 3분기는 총
107억 달러(한화 약 13조 원)로 전 분기 대비 8배 증가했다.

　수치화 다음은 가속도가 붙는 단계다. 시몬 베유에 의하면,
돈 만큼이나 대수학도 그 본질상 대상을 평준화한다. 돈이 실제
적으로 했던 평준화가 대수학에 의해서는 지적으로, 더 나아가
영적으로 수행되는 것이다.[11] 그리고 평준화는 속도의 예술을
위한 준비를 마친 상태다. 일단 속도가 붙기 시작하면, "맥락을

고려하면서 사실로 보이는 실재를 다차원적으로 면밀히 살피는 지식을 찾는 능력"이 현저하게 저하된다.[12] 속도는 인간을 자신의 영혼, 마음, 지혜로부터 멀리 떨어트린다. 수치화-평준화-가속-지혜의 소멸, 이것이 사건이 진행되는 순서다. 또한 비플의 승리의 핵심인 18분의 기적의 내적 서사에 해당한다. 예술을 수치화된 자산 개념으로 치환하는 결과는 수치 이상이 아닌 예술이다. 기술이 허락하는 개념들, 생산성, 성장, 속도, 효율, 고부가 가치 등이 모두 수치적인 개념이다. 그것들은 지금 우리가 보고 있듯 자루 없는 칼만큼이나 위험하다. 사용하는 사람의 손이 먼저 베일 수도 있다. 인간의 영혼, 마음과 지혜에 대해 들려주는 예술가들의 수는 이미 충분히 부족하다. 예술이 외친다. "나를 너무 왜곡하지 말아 주세요." 정현종 시인의 「시간의 게으름」 중 한 부분이다.

마음은 잠들고 돈만 깨어 있습니다.
권력욕 로봇들은 만사를 그르칩니다.
자동차를 부지런히 닦았으나
마음을 닦지는 않았습니다.
인터넷에 뻔질나게 들어갔지만
제 마음 속에 들어가보지는 않았습니다.
…

나, 시간은 원래 자연입니다.

내 생리를 너무 왜곡하지 말아주세요.

나는 천천히 꽃 피고 천천히

나무 자라고 오래오래 보석 됩니다.

나를 '소비'하지만 마시고

내 느린 솜씨에 찬탄도 좀 보내주세요.13

영국의 역사학자 니얼 퍼거슨Niall Ferguson은 이러한 서사의 빠른 진행이야말로 진정으로 현대적인 사건이며, 특히 지난 세기 미국이 저지른 치명적인 오류의 이름이라고 했다. 그 오류는 "비현실적으로 짧은 시간"에 정치, 경제를 포함한 모든 변화가 가능하다고 믿는 것이다.14 실제로 변한 것은 아무것도 없다.

4. "비플이 이겼다. 우리가 잃어버린 것이 여기 있다!"

비플의 승리는 무엇을 의미할까? 무명작가의 작품을 일거에 제프 쿤스나 데이비드 호크니 같은 스타급 작가를 상회하는 작품가로 낙찰되도록 만든 NFT 미술의 기적이다. 신자본주의의 새 지평을 활짝 열 미다스의 손이자 '원샷원킬'이고 신의 한 수다. 미디어들이 나서서 NFT 기술의 전도자를 자처한다. 미덕의 목록이 결코 짧지 않은데, 요약하면 다음과 같다.

> – 온라인 계정의 해킹을 방지해 준 덕에 디지털 콘텐츠와 관련한 권리가 도난으로부터 보호되고, 코인을 통한 거래가 활성화되고, 새로운 시장이 형성되고, 그 덕에 누군가는 천문학적인 이익을 배당받게 될 것이고, 해당 토큰의 거래가 일어날 때마다 그에 상응하는 거래액의 일부를 이미지 생산자에게 송금하는 '스마트 계약' 기능을 프로그램화함으로써 창작 활동만으로 생계를 유지하기 어려운 작가들을 결과적으로 구제하는 효과를 거둘 수 있다.

- 신규 '컬렉터–투자자'들에게 미술 시장의 새로운 진입로를 열어 줄 것이다. 디지털 게임 관련 NFT 수집가인 웨일샤크WaleShark(약 700만 달러의 가치로 추정되는 NFT 컬렉션을 보유한 것으로 알려졌다)는 NFT가 지니는 매력에 또 하나의 미덕을 추가하는데, 자신과 같은 "전통적이지 않은non-traditional 수집가들이 판단받지 않는 환경non-judgemental에서 익명으로 미술품을 수집하는 기회를 제공할 것"이라는 점이다.
- 전통과 비전통 장르의 구분이 허물어지고, 비전통 장르 작가들에게 기회가 제공될 것이다. 그 결과 온라인 미디어 아트 계열의 다양한 비전통 장르 작가들도 제도권의 스타 예술가 반열에 들 수 있게 될 것이다.
- 모든 이에게 동등한 콘텐츠 제작과 향유의 기회를 제공함으로써 기존의 미술계보다 폭넓고 다양한 방식으로 사회·문화 자본을 축적할 수 있게 할 것이다.

하지만 NFT 미술이 현재의 글로벌 미술 시스템의 권력 구조를 뜯어고치는 대안으로 작동할 가능성은 한마디로 전무하다. 그것의 관심사에 배고픈 작가를 보호하는 것이나 문화 민주주의의 구현 같은 근원적인 차원의 문제들에 할당된 몫은 없다. 현재의 글로벌 미술 체계 내부에 축적되어 온 구조적인 악에 대항하고, 그것이 만들었던 패러다임을 바꾸는 데 전혀 관심이 없다. 지난 세기의 경험에 비춰 볼 때 오히려 그 반대일 개연성이 더 크다. 2021년에 불었던 NFT 미술 열풍은 자본 지향적 테크놀로지와 테크놀로지 기반의 자본 시장의 결탁을 통해 인위적으로 만들어진 현상이다. 그 가능성은 예술의 추구를 신뢰할 만한 것으로 만들어 온 전통적인 가치를 심화하는 것과는 반대되는 역-가능성이다. 승자 독식 체제를 고수해 온 보수적인 현 미술계의 구조 피라미드의 상위 1~2%에 해당하는 소수의 구성원(스타 작가와 메이저 갤러리들과 경매 회사들)이 미술계 전체 이익의 절대량을 독차지하는 구조를 더 공고히 해 나갈 개연성이 더욱 크다. 현재까지의 경험만으로도 예측이 가능하다. 비플의 승리를 설계한 주체들이 한 번의 큰 이익으로 멈추지 않기 위해 비플과 같은 우상을 지속적으로 만들어 내려 할 것이기 때문이다. NFT라는 신기술을 기반으로 한 시장과 그 시장을 기반으로 하는 예술의 신르네상스는 포식은 고사하고 맛도 보기 전에 벌써 구태한 제도 권력에 잠식되는 중이다.

'서부 개척 시대'나 '신르네상스'를 운운하는 NFT 미술의 지지자들, 비플의 승리를 신르네상스의 혁신으로 읽는 사람들은 이 글의 논지에 동의하고 싶지 않을 테다. 다행스럽게도 생각이 다른 사람들이 남아 있다. 비플의 크리스티 경매 소식을 접한 데이비드 호크니는 NFT 미술이 코인으로 돈을 번 소수의 투기성 자본에 의해 부풀려진 거품이라는 사실을 즉각 알아차

렸다. 그의 눈에 비플의 〈매일: 첫 5,000일〉은 "솔직히 무엇을 의미하는지조차 알 수 없는", "그냥 한심한 작은 것들"에 지나지 않았다. (세상에서 가장 비싸게 작품이 팔리는 생존 작가의 반열에 오른 호크니의 입에서 투기성 자본이 만든 거품에 대한 탄식이 흘러나오는 것이 기묘하게 낯설어 보이는 문제만 제외하면) 세상을 보는 도전적인 태도나 창의적인 이해가 있는 것도 아니고, 각별한 형식적인 전위성과도 거리가 멀어 보이는 그 5천 개의 따분한 것들에 대해 달리 무슨 말을 할 수 있을까.

미적 가치의 문제를 '따로 떼어서 생각하는' 것이 문제다. 마치 기게스의 반지처럼 시야에서 사라지게 만든다. 기게스의 반지는 플라톤의 『국가』에 나오는 가공의 마법 반지로, 소유자의 마음대로 자신의 모습을 보이지 않게 할 수 있는 신비한 힘이 있다. 기게스는 반지를 끼고 왕을 암살한 후 자기가 왕이 되었다. 무언가를 시야에서 사라지게 만드는 '따로 떼어서 생각하기'는 사회가 불가피성이나 필연성의 권위로 지정한 것들에 대해 생각할 때 특히 발휘되는데, 그렇게 함으로써 불가피성과 필연성의 권위를 만들어 내는 권력인 기술과 자본이라는 우상에 가까이 다가서고 싶기 때문이다. 이런 의미에서 비플의 승리는 비플의 승리를 믿는 사람들의 승리고, 그들이 작품의 미적 가치를 제외한 모든 것들의 승리를 믿는 믿음이다. 시몬 베유에 의하면, 바로 이 따로 떼어서 생각하는 것이 "절대적인 방종의 열쇠"가

　　　　　　　　　　　　NFT, 처음 만나는 세계

되고, "모든 범죄의 온상"이 되고, 일관성 없는 행동의 원인이 된다. 동굴 밖으로 벗어나기 위해서는 기게스의 반지를 버려야 한다. 따로 떼어서 생각하기를 즉각 중단해야만 하는 이유다.

『뉴욕 타임스』의 미술비평가 제이슨 파라고는 비플의 승리는 상실의 시대의 초상이라고 했다. "비플이 이겼다. 우리가 잃어버린 것이 여기 있다!"[15] 비플의 승리는 예술이라는 고상했던 한 역사에서 인간을 폭력적으로 삭제하는 것의 승리요, 테크놀로지와 자본이 고작 오락으로 전락하는 예술의 추한 현주소를 성공적으로 은폐하는 것의 승리다. 미국의 예술사학자 데이비드 조슬릿의 결론도 이와 다르지 않다. NFT는 인간이 아니라 계약을 위한 기술이고, 예술이 아니라 따로 떼어져 나온 예술, 곧 자산화된 예술을 위한 기술이다. 그렇기에 그것에서 투기 세력의 심장 박동을 빠르게 만드는 것 외에 다른 좋은 것을 기대한다면, 결과는 크게 실망스러울 수도 있다.

신新 기술이 뿌리 깊은
예술과 동거할 때 제기되는 것들

매일 변화하는 미술의 첨단에 NFT 미술이 있다. 새로운 기술인 NFT와 문명의 가장 오랜 영역인 예술의 접목에서 나온 NFT 미술, 이 책이 묻고 답하고자 하는 내용이 이것이다. NFT의 기술적 특성이 미술에 새로운 활력소가 될 수 있을까? 문화·경제의 견인차 역할을 하게 될까? 이러한 원론적인 질문들만큼이나 NFT 기술을 미술 작품에 접목시키는 실제적 방법론에 대한 시급한 요구에도 페이지들이 할애되었다. 이 문제의 조망에 있어서 다양한 이해와 태도를 대변하는 총 여섯 명의 저자가 소환되었고, 덕분에 이 논의에 대한 적절한 만큼의 폭이 허용되었다.

시작으로부터 2년 남짓, NFT 미술의 짧지만 뜨거웠고 여전히 식지 않은 열기의 시간이 지나고 있다. 그동안 우리는 현대 미술과 NFT의 교차점에서 과거를 되돌아보고 미래의 미술을 점치는 계기들과 마주할 수 있었다. 다음의 몇 가지 지점을 경유하면서 말이다.

– NFT 미술의 역사

NFT 미술이 붐을 이루는 과정은 신속했다. 이름도 채 익숙해지기 전에 미디어의 횡포에 주춤거리다가는 열차를 놓치고 말 거라는 조바심이 더불어 상승했다. NFT 미술의 동력 축은 기술이라 예술로서는 논할 만한 성격의 것이 아니다. 아무튼 다소 눅눅한 논쟁들과 법적 시비, 선동과 잘 손질된 영웅담을 위한 플랫폼들은 서둘러 만들어졌다. 거래량과 가격이 껑충껑충 뛰었던 시장적인 지점들 역시 밀도 있게 배치되었다. 빠르게 운집된 군중은 이 풍경을 볼 만한 것으로 만드는 데 일조한 중요 요인이었다.

– NFT 미술의 가능성

NFT 미술이 제도화된 글로벌 미술 체계의 고착된 문제들을 극복하고, 다양성과 기회 균등 같은 민주적 가치를 끌어올리는 계기가 될 수 있다? 사실 이것이야말로 우리가 늘 기대해 왔던 바다. 비록 늘 실패를 거듭했던 요구이기는 했지만 말이다. 그럼 『NFT, 처음 만나는 세계』는 독자들의 생각의 물꼬를 어느

쪽으로 트이게 했을까? 단기간에 폭발적인 성장세를 보인 NFT 미술의 가능성은 아직까지는 온오프라인 경매장 안에서 제한 적으로 입증되고 있다. 하지만 사건보다는 사건의 해석이 중요 하다. 핵심 사안은 성사된 거래의 매출 실적이 모든 질문을 거 두어야 하는 종점인지, 아니면 비로소 제대로 된 질문을 던져야 하는 시점인지에 있다. 그럼에도 이 문제가 여전히 또 오롯이 독자의 몫으로 남아 있다는 사실이 환기되었다면 이 책은 나름 의 역할을 한 것이리라.

– NFT 미술의 미래

NFT 미술이 암시하는 예술의 미래는 어떤 모습일까? 인지 자본, 곧 '투자에 익숙한 사람들에게 예술이라는 화관花冠 하나 를 덤으로 씌워 주는' 사회적 양극화 위에서 작두 타기 놀이, 미 학적 재난의 놀이터? 혹은 '사치스러운 비물질 노동의 장' 엇비 슷한 풍경이 연상되기도 한다. 그렇다면 잘 알고 있는 함정에 또다시 빠지는 착시錯視나 환시幻視가 결말인가? 그렇지 않을 여 지는 충분하다. 애써 긍정적인 마음을 추스르는 것도 필요하지 만 실제로 그렇게 작동할지는 확실하지 않다.

– 지금 회의하기

낙관주의는 장점이 여럿이고, 따라서 애써 거기 의탁하는 게 미덕일 때도 있다. 하지만 지금은 지금이 그때인지 물어야 할 때다. 가능성과 미래를 위한 숭배 대신에 잠시 멈춰 쇄도해 오는 것들에 질문해야 할 시기다. 불확실성 속에서도 적어도 두 가지는 확인이 가능하다. NFT 미술에 대한 과도한 기대는 우려 스러운 현상이라는 점과 회의주의자가 되지 않으면서, 정확히 하자면 회의주의자로 떨어지지 않기 위해 현상에 대해 더 늦기 전에 회의할 수 있어야 한다는 점이다.

– NFT와 미술의 동거에 대해 재차 묻기

강과 구름과 산은 어제의 그것이 아니다. 늘 새롭다. 그렇 다고 그것들이 새로운 것은 더더욱 아니다. 100년 전에도 있었 고, 어제도 있었지만, 오늘 여전히 새롭다. 시간은 오래된 것과 새로운 것의 경계를 허용하지 않는다. 삶의 사건들은 죽음 안에 서 배치된다. 세상은 한때 지배적이었던 것들의 다음을 준비한 경험이 아주 많다. NFT라고 다를까. 지금은 새로운 기술이지 만, 이내 노후화와 폐기 절차를 밟을 것이다. 기술이란 제아무 리 삶의 편의를 제공한다고 해도 자체로는 덧없는 인생의 재현 에 불과하다. 익숙한 귀결이다. 예술은 이 덧없음, 죽음에 대한 저항이다. 기술은 모든 것을 설명하려 드는 과학의 열매인 반면 에 예술은 명쾌하게 설명할 수 있는 것은 아무것도 없다는 명제 로부터 출발한다. 그렇기에 NFT 미술로 예술을 대체하려 들 때

해석이 필요한 파동이 일어난다. 엊그제 등장한 신 기술이 예술이라는 뿌리 깊은 정신 활동의 동력을 자처할 때, 그리고 그 결과에 대한 믿음이 과도하게 고조될 때, 그 지점에서 야기되는 변화의 특성과 가능성의 담론들과 이익의 향배 등에 대한 다각도의 검토가 이루어져야만 한다.

1장

1 인터넷상에서 쉽게 사진을 다운받고 이를 'ctrl+c', 'ctrl+v'의 반복으로 복제하는 과정을 생각해 보면 디지털 공간에서 파일의 무분별한 복제와 확산이 얼마나 손쉽게 이루어지는지 알 수 있다.

2 https://www.cryptokitties.co

3 Nadini, M., Alessandretti, L., Di Giacinto, F., Martino, M., Aiello, L. M., & Baronchelli, A. (2021). Mapping the NFT revolution: market trends, trade networks and visual features. arXiv preprint arXiv:2106.00647.

4 살아 있는 작가의 작품 거래가 중 3번째로 높은 가격이다. https://techcrunch.com/2021/03/11/beeples-69-million-nft-sale-marks-a-potentially-transformative-moment-for-the-art-world/

5 https://www.cnbc.com/2021/03/22/jack-dorsey-sells-his-firsttweet-ever-as-an-nft-for-over-2point9-million.html

6 https://twitter.com/Sothebys/status/1402996062474760193?s=20

7 https://www.cnbc.com/2021/08/23/visa-buys-cryptopunk-nft-for-150000.html

8 https://www.joongang.co.kr/article/25015798#home

9 Nadini, M., Alessandretti, L., Di Giacinto, F. et al. Mapping the NFT revolution: market trends, trade networks, and visual features. *Sci Rep* 11, 20902 (2021).

10 https://nbatopshot.com/marketplace

11 2021년 8월 기준 FIFA의 게임 스튜디오인 EA Sports는 30개의 공식 리그, 700개의 팀과 라이선스 계약을 유지하고 있다. https://messari.io/article/fantasy-sports-crypto-s-next-consumer-application

12 https://medium.com/superrare/the-art-royalty-revolution-6c0d13a6912a

13 https://docs.superrare.com

14 https://www.artblocks.io/learn

15 https://cryptoslam.io/axie-infinity/sales/summary 참조.

16 http://www.coindeskkorea.com/news/articleView.html?idxno=74667

17 https://cryptoslam.io/axie-infinity/sales/summary

18 https://whitepaper.axieinfinity.com

19 https://axieedge.com/axie-scholarship-programs

20 https://drive.google.com/file/d/1soo-eAaJHzhw_XhFGMJp3VNc-

QoM43byS/view

21 https://www.etoday.co.kr/news/view/2066412

2장

1 https://rhizome.org/editorial/2014/may/05/seven-ideas-seven-seven-2014

2 https://monegraph.com

3 Eileen Kinsella, An NFT Artwork by Beeple Just Sold for an Unbelievable $69 Million at Christie's—Making Him the Third Most Expensive Living Artist at Auction, *Artnet*, March 11, 2021.

4 Seth Price, Michelle Kuo, What NFTs Mean for Contemporary Art, *MoMA Magazine*, Apr 29, 2021.

5 Ekin Genc, Highest Valued Living Painter David Hockney: NFTs are for 'Crooks and Swindlers', *Decrypt*, April 5, 2021.

6 캐슬린 김 지음, 「NFT, 머니 게임의 명암」, 『아트인컬처』, 2021년 5월호.

7 Kyle Chayka, How Beeple Crashed the Art World, *The NEW YORKER*, March 22, 2021.

8 David Joselit, NFTs, or The Readymade Reversed, *OCTOBER* 175, 2021.4.

9 Eileen Kinsella, Urs Fischer's First NFT, Which Created Tension With His Longtime Dealer Gagosian, Sold for Nearly 100 Times Its

Estimate on the Fair Warning App, *artnet news*, April 12, 2021.

10 Kelly Crow, Artists Jump Into NFTs, Seeing a Digital Bonanza, *The Wall Street Journal*, April 5, 2021.

11 Tony Zerucha, NFT Art Marketplace Tropix Celebrates $2M Seed Round, *Crowdfund Insider*, October 8, 2021.

12 Walter Benjamin, The Work of Art in the Age of Mechanical Reproduction, *Illuminations*, ed. Hannah Aredndt, trans. Harry Zohn New York: Schocken books, 1969, p.244; 리처드 호웰스·호아킴 네그레이로스 지음, 조경희 옮김, 『시각문화』, 제2판, 경성대학교출판부, p.421에서 재인용.

13 John Berger, *Ways of Seeing*, London: BBC and Penguin Books, 1972, 위의 책에서 재인용.

14 리처드 호웰스·호아킴 네그레이로스 지음, 조경희 옮김, 『시각문화』, 제2판, 경성대학교 출판부, p.421.

15 https://www.proofofexistence.com

16 https://www.neonmob.com

17 Anil Dash, NFTs Weren't Supposed to End Like This, *Atlantic*, 2021.4.

18 Paul Ford, Marginally Useful, *MIT Technology Review*, February 18, 2014.

19 캐슬린 김 지음, 「블록체인과 아트마켓 제1편」, 『월간미술』, 2019년 2월호.

20 https://www.distributedgallery.com/artworks/rmt/

21 Jason Bailey, Untangling The "Richard Prince" Blockchain Scam,

Artnome, January 6, 2018.

22 캐슬린 김 지음, 「블록체인과 예술 제2편」, 『월간미술』, 2021년 3
월호.

23 캐슬린 김 지음, 『예술법』, 학고재, 초판 2013, 개정판 2021,
p.121 ; Seth Siegelaub and Robert Projansky, 1971.

24 캐슬린 김 지음, 「블록체인과 예술 제2편」, 『월간미술』, 2021년 3
월호.

25 캐슬린 김 지음, 「NFT와 메타버스 뮤지엄」, 『월간미술』, 2021년
5월호.

26 캐슬린 김, 위의 글.

27 캐슬린 김 지음, 「NFT 산업과 저작권」, 한국저작권보호원,
『STORY』 Vol. 28 (2021년 7월호).

28 Kelly Crow, Artists Jump Into NFTs, Seeing a Digital Bonanza,
The Wall Street Journal, April 5, 2021.

3장

1 이항우 지음, 「블록체인의 디지털 민주주의」, 『경제와사회』, 120,
2018, pp.313–345.

2 https://www.maecenas.co

1 2020년을 기준으로 총 거래량은 NFT 시장의 플레이어 간 거래 건수와 거래 총액을 나타내는 기본적인 지표다. 암호 화폐^{Crypto currency} 및 법정 화폐^{USD}로 측정되며 신규 플레이어, 고액의 암호 화폐 또는 자산을 지닌 플레이어의 유입, 프리세일^{pre-sales} 등의 영향을 받는다. www.nonfungible.com (2021년 9월 15일 접속)

2 비플은 2020년 10월 니프티 게이트웨이를 통해 3점의 NFT 작품을 판매하여 13만 달러(한화 약 1억 6천만 원) 이상의 수익을 창출했다. 그는 NFT라는 매개체를 통해 디지털 아트 작품을 실물 예술 작품처럼 거래하며 구매자와 직접 소통할 수 있다는 사실에 고무되었으며, 지속적으로 다양한 방법으로 NFT 작품을 판매했다. 비플이 판매한 첫 번째 NFT 작품 〈Politics is Bullshit〉은 100개의 에디션으로 제작되어 각각 1달러에 판매되었으며, 현재 이 작품들은 2차 시장에서 300만 달러(한화 약 38억 원) 이상에 거래되기도 한다. 단일 에디션으로 판매된 다른 작품들은 메타버스 세계에 살고 있지 않은 구매자를 배려하는 차원에서 NFT 고유의 QR 코드가 입력된 디지털 액자 형식으로 제작하여 배송되기도 했다.

3 Anna Brady, Revealed: Metakovan, Pseudonymous Founder of 'Crypto-Exclusive Fund' Metapurse, is the Buyer of Beeple's $69.3m NFT, *The Art Newspaper*, March 12, 2021, https://www.theartnewspaper.com/2021/03/12/revealed-metakovan-pseudonymous-founder-of-crypto-exclusive-fund-metapurse-is-the-buyer-of-beeples-dollar693m-nft (2021년 9월 15일 접속)

4 경매 회사는 고가의 주요 작품을 이브닝 세일Evening Sale을 통해 판매하고 그 외의 다양한 가격대의 작품을 데이 세일Day Sale을 통해 판매한다. 경매의 긴장감과 극적인 효과를 극대화하기 위하여 이브닝 세일은 주로 초청받은 VIP만 입장이 가능하며 1–2시간 내외로 끝낸다. 언론에 집중적으로 공개되고 이슈가 되는 작품은 주로 이브닝 세일에서 판매된다. 전후 현대 예술Post-War and Contemporary 부서에서 담당하는 '21세기 이브닝 세일'은 동시대를 대표하는 현대 미술 작품으로 구성되는데, 매년 상반기와 하반기에 런던과 뉴욕에서 개최된다. 20세기 현대 미술 작품과 함께 경매가 진행되기도 한다. 경매사에서 주최하는 가장 중요한 행사에 NFT 미술 작품을 포함시켰다는 것은 NFT 미술 시장에 대한 크리스티의 확신을 보여 주며, NFT 미술을 새로운 예술 장르로 인식하고 있음을 나타낸다.

5 Eileen Kinsella, Sotheby's 'Natively Digital' NFT Sale Lands at $17.1 Million, With More Than Half the Total Racked Up in the Final Minutes, *Artnet News*, June 10, 2021, http://news.artnet.com/market/sothebys-natively-digital-sale-1979174 (2021년 9월 15일 접속)

6 조지 콘도의 작품은 2,065만 홍콩 달러(한화 약 33억 원)에 낙찰되었다.

7 www.christies.com (2021년 9월 15일 접속)

8 엑시 인피니티는 지금까지 총 거래량 16억 달러(한화 약 2조 260억 원)를 달성했다. https://cryptoslam.io/ (2021년 9월 18일 접속)

9 Ekin Genc, Ethereum NFT CryptoPunks Hit $1 Billion in Total Sales, *Decrypt*, August 29, 2021, https://decrypt.co/79698/

ethereum–nft–cryptopunks–hit–1–billion–in–total–sales (2021년 9월 20
일 접속)

10 게오르그 박은 2018년 취리히의 케이트 바스 갤러리^{Kate Vass}
^{Galerie}에서 그룹쇼《Perfect & Priceless: Value Systems on the
Blockchain》의 일환으로 9개의 크립토펑크 인쇄판 컬렉션을 최
초로 전시했다. 크립토펑크 #1819 및 #872가 그중 일부로 전시
되었고, 출품된 나머지 3점은 이전에 공개된 적이 없었다. www.
sothebys.com (2021년 9월15일 접속)

11 저스틴 선은 피카소와 앤디 워홀의 두 작품을 모두 토큰화하여
'JUST NFT 펀드'에 출시할 예정이다. 'JUST NFT 펀드'는 일류
화가의 작품을 가상 자산 형태로 감상할 수 있게 마련하고자 한
펀드로, 유명 인사들에게 최소 100만 달러부터 1,000만 달러에 이
르는 투자금을 유치하여 조성될 계획이다. 저스틴 선은 NFT 업계
에서 최고의 수익률을 공언하고 있다.

12 James Tarmy, Crypto Investor Moves On to Picasso After $69
Million Beeple NFT Miss, *Bloomberg*, April 1, 2021, https://www.
bloomberg.com/news/articles/2021–04–01/guy–who–lost–out–on–
69–million–beeple–nft– moved–on–to–picasso (2021년 9월 20일 접속)

13 Ekin Genc, Highest Valued Living Painter David Hockney: NFTs
are for Crooks and Swindlers, *Decrypt*, April 5, 2021, https://
decrypt.co/63917/artist–of–worlds–most–expensive–painting–nfts–
are–for–crooks– and–swindlers (2021년 9월 13일 접속)

14 Kenneth Lee, How Masterworks' CEO Scott Lynn is
Democratizing Art investment for Everyone, *The Peak*, July 28,

2021, https://www.thepeakmagazine.com.sg/lifestyle/how-masterworks-ceo-scott-lynn-is-democratizing-art-investment-for-everyone (2021년 9월 13일 접속)

15 Tom Farren, Chinese Communist Party Warns of NFT Hype Bubble, *Cointelegraph*, September 10, 2021, https://cointelegraph.com/news/chinese-communist-party-warn-of-nft-hype-bubble (2021년 9월 13일 접속)

5장

1 조은정·전선자 지음, 「서양 고전조각에서의 원본과 복제」, 『미술사학』 20호, 2006. 8, p.284. 스코파스와 리시포스는 기원전 4세기 그리스의 조각가다.

2 1841년에 만들어진 프랑스 어원 사전으로, 저자인 에밀리 리트레Emillie Littré의 이름을 따서 '리트레 사전Dictionnaire Littré'이라고 불린다.

6장

1 시몬 베유 지음, 윤진 옮김, 『시몬느 베이유의 사색 1-중력과 은총』, 사회평론, 1999, p.233.

2 무지개의 흔적을 가지고 날고 있는 팝타르트 고양이를 묘사한 냥캣Nyan Cat이 60만 달러(한화 약 7억 5천만 원)에 팔린 것이 그 사례다.

3 우르스 피셔는 전 크리스티 대표 로익 구처Loïc Gouzer의 새로운 NFT 경

매 앱의 홍보를 위한 헤드라인에 이름을 올렸다. 그는 페어 워닝 앱에 CHAOS라고 이름 붙여진 자신의 첫 번째 디지털 작업을 출시할 것을 예고했다.

4 1904년에 촬영된 작품의 사진이 남아 있다.

5 리 호이나키 지음, 부회령 옮김, 『아미쿠스 모르티스』, 삶창, 2016, p.118.

6 앞의 책, p.111.

7 정상조 지음, 『기술혁신의 기원』, 서울대학교출판문화원, 2021, pp.13, 74.

8 https://www.bbc.com/news/technology-56335948

9 영상에서 뱅크시의 〈멍청이들〉을 태운 남성이 뱅크시의 〈풍선을 든 소녀〉 사진이 그려진 점퍼를 입고 있는 것으로만 보아도 이 일련의 사건은 철저하게 사전에 계획되고 연출된 것이 분명하다. 뱅크시의 작품을 태운 이 사건 이후 유사한 사건들이 줄을 이었다. 많은 작가들이 자신의 작품을 NFT화한 후 스스로 불태우거나 없애 버리고 이 사실을 공표했다.

10 '인스펙티브 프로토콜'의 대변인인 미르자 우딘은 또 다른 '뛰어난 작가'와 불태우기 이벤트와 유사한 협업을 계획하고 있다고 밝히기도 했다.

11 시몬 베유, 앞의 책, p.231.

12 리 호이나키, 앞의 책, p.107.

13 정현종 지음, 『견딜 수 없네』, 문학과지성사, 2019, pp.34-35.

14 리처드 코치·크리스 스미스 지음, 채은진 옮김, 『서구의 자멸』, 말글빛냄, 2008, p.208.

15 Kyle Chayka, How Beeple Crashed the Art World, *The NEW YORKER*, March 22, 2021.

1장

Nadini, M., Alessandretti, L., Di Giacinto, F. et al. Mapping the NFT revolution: market trends, trade networks, and visual features. *Sci Rep* 11, 20902, 2021.

https://axieedge.com/axie-scholarship-programs

https://cryptoslam.io/axie-infinity/sales/summary

https://drive.google.com/file/d/1soo-eAaJHzhw_XhFGMJp3VNc-QoM43byS/view

https://medium.com/superrare/the-art-royalty-revolution-6c0d13a6912a

https://www.artblocks.io/learn

http://www.coindeskkorea.com/news/articleView.html?idx-no=74667

https://www.etoday.co.kr/news/view/2066412

https://www.joongang.co.kr/article/25015798#home

https://whitepaper.axieinfinity.com

3장

문성림·안형준 지음, 「미술시장에서의 블록체인 기술 응용에 대한 연구」, 『예술경영연구』 47, 2018, pp.65-92.

서순복 지음, 「문화의 민주화와 문화 민주주의의 정책적 함의」, 『한국지방자치연구』 8(3), 2007, pp.23-44.

심상용 지음, 「미술시장, 그리고 위기의 한가운데서」, 『미술세계』 64, 2017, pp.68-71.

유경한·윤호영 지음, 「미디어 블록체인의 비전과 가치」, 『사이버커뮤니케이션학보』 35(4), 2018, pp.253-296.

이항우 지음, 「블록체인의 디지털 민주주의」, 『경제와 사회』 120, 2018, pp.313-345.

한승준 지음, 「'문화가 있는 날' 사업의 문화정책 특성에 관한 연구: 문화의 민주화를 위한 정책인가? 문화 민주주의를 위한 정책인가?」,

『한국행정학보』 51(1), 2017, pp.347-367.

Abbing, H., *Why are Artists Poor: The exceptional economy of the arts*, Amsterdam University Press, 2002.

Allen, D., Discovering and Developing the Blockchain Cryptoeconomy, 2017. (출처: http://dx.doi.org/10.2139/ssrn.2815255)

Ashenfelter, O. & Graddy, K., Auctions and the Price of Art, *Journal of Economic Literature* 41, 2003, pp.763-786.

Bailey, J., Is Art Blockchain's Killer App?, 2018, November. (출처: https://www.artnome.com/news/2018/10/26/is-art-blockchains-killer-app)

O'Dair, M., Opportunities for the Creative Economy, *Distributed Creativity*, Palgrave Macmillan: Cham, 2019, pp.31-57.

Reyburn, S., How Financial Products Drive Today's Art World, 2018, July. (출처: https://www.nytimes.com/2018/07/20/arts/blockchain-fintech-art-funds.html)

Williams, S., Thanks to blockchain, you too could own (part of) a Warhol, B*reaker Mag*, 2018, August.

https://cryptoslate.com/andy-warhol-painting-sold-for-millions-on-maecenas-blockchain

리 호이나키 지음, 부희령 옮김, 『아미쿠스 모르티스』, 삶창, 2016, pp.111, 118.

서순복 지음, 「문화의 민주화와 문화 민주주의의 정책적 함의」, 『한국지방자치연구』 8(3), 2007, pp.23-44.

정상조 지음, 『기술혁신의 기원』, 서울대학교출판문화원, 2021, pp.13, 74.

조은정, 「코로나 이후 예술의 새로운 지형」, 서울대학교미술관, 현대문화예술 온라인 강좌, 2021. 4. 28.

캐슬린 김 지음, 「NFT, 머니 게임의 명암」, 『아트인컬처』, 2021. 5, pp.158-161.

Abbing, H., *Why are Artists Poor: The Exceptional Economy of The Arts*, Amsterdam University Press, 2002.

David Joselit, NFTs, or The Readymade Reversed, *OCTOBER* 175, 2021. 4, pp.3-4.

Kelly Crow, Artists Jump into NFTs, Seeing a Digital Bonanza, *The Wall Street Journal*, April 5, 2021.

Kyle Chayka, How Beeple Crashed the Art World, *The NEW YORKER*, March 22, 2021.

Tony Zerucha, NFT Art Marketplace Tropix Celebrates $2M Seed Round, *Crowdfund Insider*, October 8, 2021.

https://www.pacegallery.com/journal/urs-fischer-launches-nft-series-chaos

NFT, 처음 만나는 세계

NFT, 처음 만나는 세계

초판 1쇄 인쇄일 2022년 5월 24일
초판 1쇄 발행일 2022년 5월 31일

지은이 심상용, 디사이퍼(김재윤, 오아영, 이병헌, 정현), 캐슬린 김, 이민하, 김성혜, 정현

발행인 윤호권
사업총괄 정유한

편집 이경주 **디자인** 박지은 **마케팅** 정재영
기획 및 진행 오진이
발행처 ㈜시공사 **주소** 서울시 성동구 상원1길 22, 6-8층(우편번호 04779)
대표전화 02-3486-6877 **팩스(주문)** 02-585-1755
홈페이지 www.sigongsa.com / www.sigongjunior.com

ISBN 979-11-6579-998-4 03320

*시공사는 시공간을 넘는 무한한 콘텐츠 세상을 만듭니다.
*시공사는 더 나은 내일을 함께 만들 여러분의 소중한 의견을 기다립니다.
*잘못 만들어진 책은 구입하신 곳에서 바꾸어 드립니다.